幼儿园教育活动设计与实践

主　编　王晖晖　宋　洁
编　委　刘凤莲　李　晶　高赫民
　　　　高丽芳　郝振华　乐益华

北京理工大学出版社
BEIJING INSTITUTE OF TECHNOLOGY PRESS

内容提要

本书以幼儿园教育活动设计为主线，运用丰富的幼儿园教改成果，整合了多门学科的内容，突出体现了理论与实践结合的理念。主要内容包括幼儿园教育活动设计概述、幼儿园教育活动设计中的目标和内容、幼儿园教育活动设计的基本模式、幼儿园教育活动手段的选择与运用，以及幼儿园教育活动的评价。

图书在版编目（CIP）数据

幼儿园教育活动设计与实践 / 王晖晖，宋洁主编. —北京：北京理工大学出版社，2020.10 重印

ISBN 978-7-5640-3319-4

Ⅰ.①幼…　Ⅱ.①王…②宋…　Ⅲ.①幼儿园－教育活动－课程设计－专业学校－教材　Ⅳ.① G612

中国版本图书馆 CIP 数据核字（2010）第 124016 号

出版发行 / 北京理工大学出版社有限责任公司
社　　址 / 北京市海淀区中关村南大街 5 号
邮　　编 / 100081
电　　话 /（010）68914775（总编室）
（010）82562903（教材售后服务热线）
（010）68948351（其他图书服务热线）
网　　址 / http：//www.bitpress.com.cn
经　　销 / 全国各地新华书店
印　　刷 / 定州市新华印刷有限公司
开　　本 / 787 毫米 ×1092 毫米　1/16
印　　张 / 8.5
字　　数 / 217 千字
版　　次 / 2020 年 10 月第 1 版第 12 次印刷
定　　价 / 20.00 元

责任校对 / 张沁萍
责任印制 / 边心超

前　言

社会的发展对人才培养的要求起来越高。为了培养 21 世纪的新人，幼儿教育工作者要不断地更新教育观念，坚持正确的幼儿观和发展观，坚持现代教育的发展目标。

本书以幼儿园教育活动设计为主线，运用丰富的幼儿园教改成果，整合了多门学科的内容，突出体现了理论与实践结合的理念，符合初学者的认识学习特点，体现了对初学者应知、应会的基本要求。

本书共分为五章，第一章介绍了幼儿园教育活动设计概述；第二章论述幼儿园教育活动设计中的目标和内容；第三章阐述了幼儿园教育活动设计的基本模式，包括接受式学习模式、体验式学习模式、探究式学习模式、合作式学习模式；第四章论述了幼儿园教育活动手段的选择与运用；第五章介绍了幼儿园教育活动的评价，包括评价的内容、原则和方式。

本书以 2001 年颁布的《幼儿园教育指导纲要》（试行）为依据，注重体现新的教育观念，反映现代教育的发展趋势，针对职业学校学生的特点，尽量降低理论学习难度，使学生了解最基本、最实用的知识。

编　者

目　录

第一章 幼儿园教育活动设计概述

本章概述

幼儿园教育活动设计作为一门研究幼儿学习和促进幼儿学习的应用性学科，是以对教师引起、维持和促进幼儿学习的所有行为的关注为出发点，并以研究幼儿的发展作为落脚点的。

教学目标

1. 了解幼儿园教育活动的基本类型。
2. 理解幼儿园教育活动设计的意义。
3. 掌握幼儿园教育活动设计的重要原则。

知识点 1 幼儿园教育活动概述

幼儿园教育活动是教师有目的、有计划地利用幼儿园所提供的环境和材料，通过教师和幼儿双向的交流和作用以促进幼儿身心发展的过程，它也是实现幼儿园教育目标，组织传递一定的教育内容，落实幼儿园教育任务的手段。

一、幼儿园教育活动的概念

教育部于2001年颁布的《幼儿园教育指导纲要》（试行）（以下简称《纲要》）指出，幼儿园教育活动是教师以多种形式有目的、有计划地引导幼儿生动、活泼、主动活动的教育过程。作为幼儿园教育的基本形式以及幼儿园课程的实施载体，它是以幼儿为主体，在教师创设的以适合幼儿身心发展需要和特点的多种形式的活动和与环境材料的互动过程中，引发幼儿积极参与、主动探索并大胆表现的教育活动系列，旨在促进幼儿健康、全面、和谐地发展。

1. 幼儿园教育活动是一种“自主与主体特质”的活动

对于学龄前幼儿来说，活动是其学习的存在状态，即使幼儿接受间接经验的过程也是以活动状态存在的。因此，所谓幼儿园教育活动，就是一种由教师的“教”和幼儿的“学”所构成的师幼双向互动活动，是由教师和幼儿共同参与、相互配合、一起承担的活动。幼儿作为教育活动中自身学习和发展的主体，他们既是活动的执行者、承担者、探索者，也是活动结果的最终体现者。幼儿享有选择和决定的自主权，研究与探索的自主权。幼儿活动的过程是一个充满变化的、充满新意的和自发性的学习机会的过程，幼儿正是通过自主性活动获得经验，并在发现和解决问题过程中获得初步的实践能力以及创造能力的。

教师作为教育活动中直接或间接影响活动进程、引导活动方向及幼儿探索的主体，他们既是活动的设计者、组织者、调控者，也是活动目标的引领者。虽然教师的主体意识和主导地位在不同性质和形式的教育活动过程中可能呈现不同的状态，但教师主体性的发挥正是活动过程中幼儿主体性实现的有力保证，因为教师所面对的是未成熟的幼儿，良好的主体性意识可以促使教师最大限度地满足幼儿发展的需要，并在幼儿发展与社会发展需求之间找到一种平衡。

幼儿园教育活动从根本上说是一种师幼交往的过程，教师和幼儿是教育活动最基本的主体和参与者，也是教育活动最直接的体现者，因此，幼儿园教育活动首先是教师和幼儿主体的活动。在教师与幼儿的合作、交往、沟通和协调过程中，教师主体性的发挥和幼儿主体性的实现是一种动态的、良性循环的关系。

2. 幼儿园教育活动也是一种“主客观因素和作用”的活动

任何教育活动都是以促进人的身心发展为目的，不同的社会历史条件和社会政治与经济制度自然会衍生出不同的教育目的和原则，这便是教育活动主观性的体现。所谓主观因素和作用是指幼儿园教育活动具有明确的目的性和一定的规范性。幼儿园教育活动作为一种学习活动、社会活动，承载着一定的目的和任务，是在一定目的引导下的活动，它具有鲜明的主观性，这种主观性通过带有指向未来特点的目标、具体的原则与规范赋予了教育活动一定的意义与价值。

任何教育活动都是在一定的客观环境中发生的，并且也是通过一定的客观条件和手段实现的。而任何一种教育活动模式的创立和发展，也都不可能脱离整个社会文化历史积累的影响。所谓客观因素和作用是指构成幼儿园教育活动的各种客观条件和手段。幼儿园教育活动中的客观因素既包括各种具体实在呈现的物质形态的因素，例如具体的材料、工具和其他资源，也包括一些在意识形态领域呈现的精神层面的因素，例如一定社会文化背景下的社会教育制度、文化传统、观念体制。这些客观因素一方面为教育活动提供了必要的条件、工具、手段和各种资源，保证着活动的进程与实施；另一方面，也在一定程度上影响或限制着活动的范围和程度。总的来说，分析幼儿园教育活动的主客观因素和作用可以为我们探究幼儿园教育活动的实现途径提供依据。

二、幼儿园教育活动的特点

1. 生活性

幼儿园教育活动作为反映幼儿园教育的一种基本和主要的活动，在体现综合、统整性特点的同时，也反映了努力营造与幼儿生活相一致、密切贴近幼儿生活世界的趋向，这便是幼儿园教育活动生活性的体现。《纲要》为幼儿园教育提出了“各领域的内容要有机联系，相互渗透，注重综合性、趣味性、活动性，寓教育于生活、游戏之中”的实施原则。

（1）生活性首先体现在幼儿园教育活动的内容方面　为了促进幼儿的健康生活，学前教育首先应当立足于幼儿的现有生活，而幼儿园教育活动作为学前教育的实施方式，必须关注幼儿的现实生活，在教育活动的内容上注重让现有知识与幼儿的生活世界相沟通，与幼儿的经验、需要相联系，而不单是纯粹从知识或学科本身的结构或重点、难点出发。例如，数学教育活动，“生活中的数学”“应用性数学”已经成为《纲要》颁布以来被幼教界广泛认同的关键口号，教师以及活动设计者不仅重视帮助幼儿从生活中寻找、捕捉数学的内容，同时也引发幼儿关注生活中的数学问题并学习用数学思想解决生活中的问题。

（2）生活性特点还体现在幼儿园教育活动的途径与环境、场所方面　幼儿园教育活动的实施是渗透于幼儿一日生活之中的，幼儿园生活的各个环节都是贯彻和实施教育活动的有效途径。在开展教育活动的过程中，用接近幼儿生活、结合生活情境的方式可以使幼儿在回归真实生活的背景中，体验和积累经验，更主动、更积极地进行探索和学习。同时，在教育活动场所和环境方面，突破有限的“活动室”空间，走进无限的“大社会”空间，也是生活性特点的充分体现。这种“大社会”空间，既可以是进入博物馆、展览会、建筑群、新型社会公共设施等人文德育类的教育活动场所；也可以是走进大自然的活课堂——树林、草地、山坡、花园等自然科学类的教育活动场所。

2. 整合性

幼儿园教育活动，是在充分协调多种教育资源、利用多种教育途径与形式、结合多种领域内容、发挥多种因素影响的基础上而构成教育活动系统的。所谓整合，是指把不同类型、不同性质的事物组合在一起，使它们成为一个整体。因此，无论是学习活动还是游戏活动，无论是教师预设的教育活动还是幼儿自主生成的教育活动，无论是集体的活动还是小组、个别的活动，整合性和整体统一性可以说是其最明显的特点之一。这种整合和统一，反映在活动的内容，活动的目标、资源以及活动的方法、形式、手段等各个方面、各个层次。

讨论

举例说明你对幼儿园教育活动整合性特点的理解。

（1）幼儿园教育活动的内容　不同活动领域间的整合，即指突破领域相对划分的界限，实现跨领域的内容整合。在幼儿园教育活动的进程中，相对于分领域（学科）的教育活动而言，综合主题式的教育活动无疑是一种更能体现整合统一性特点的活动形式，当今它也成为幼儿园课程和教育活动的主要呈现样式。综合主题式的教育活动通过恢复不同领域间的固有联系，将某个教育活动内容还原成整体的、相互联系的状态，以构建起多科合一的主题网络式的活动内容结构，并在为幼儿呈现一个具有丰富、多元刺激和材料内容的活动场景的同时，尽可能地去发现和挖掘领域间新的、更多的联系线索，从而使整合的活动内容与幼儿的生活紧密联系，更贴近幼儿的发展。

同一活动领域内的整合，即在一个相对独立的领域内容中体现前后内容上的纵向整合或不同内容间的横向整合。比如数学方面的内容有关于数的、空间形体的、计算的、时间和空间方位的，它们之间有一定的层级性、递进性和关联性，在具体的教育活动中我们经常会看到将数方面的知识与感知认识形体的知识联系在一起，或是在学习数数技能的时候与已经掌握的辨数和认数技能加以联系和对比等，这种不同内容间的横向整合和前后内容上的纵向整合就是一种领域内的整合。

（2）幼儿园教育活动的目标　幼儿园教育活动的目标是一个完整的体系，是由多个领域、多种层级整合而成的目标结构系统。虽然我们在表述目标时会人为地将它们分为不同的方面，如将目标分为认知、情感与态度、操作技能三方面或健康、社会、科学、语言、艺术五方面。但这种划分只是在整体、全面发展目标下的相对划分，是为了帮助我们在一种比较清晰、有序的框架中使学习内容更分化、更细致，使教育活动更深入、更具体化。而每一个教育活动的目标从根本上来说是多领域的、有机的、整体的，不是单一领域的、细化的、部分的。教育活动目标是对活动所要达成的最终结果的预期，作为整个教育活动的核心，它制约着活动的内容，决定着活动的进程，影响着活动的方法，因此，教育活动目标的整合性是教育整合的基础，它将直接影响到教育活动内容的整合以及教育活动方法、形式的整合。

（3）幼儿园教育活动的资源和方法、形式、手段　在《纲要》的总则中就已经明确指出幼儿园应与家庭、社区密切合作，综合利用各种教育资源，共同为幼儿的发展创造良好条件。事实上，在幼儿园教育活动的实施中可供活动利用和开发的资源是多方面的，既有来自于幼儿园的，也有来自于家庭和社区的，这些资源的综合利用和有机协调对幼儿园教育活动的效果以及幼儿的发展产生了积极而有效的影响。此外，幼儿园教育活动的形式与方法、手段也是丰富多样而有机整合的，这种整合既表现在教育活动设计的过程中，也同样体现在教育活动实施的过程中。教师根据幼儿园和班级幼儿的实际状况，可以有选择地整合多种不同形式的教育活动。也可以在教育活动的实施中有选择地整合操作、实验、讨论、合作探究等多种方法和手段。

3. 动态性

（1）幼儿园教育活动的动态性首先反映在活动过程上的动态　这种强调动态的过程，使得幼儿园的教育活动能够随时随地根据幼儿的最近发展区调整目标，适时地加以引导并不断地生成和深入活动，进而促进幼儿的发展。而教师与幼儿作为幼儿园教育活动中相互作用的统一体，其在教育活动过程中并不是僵化的、一成不变的，而是一个不断互动的、动态的过程，因为“教育活动作为人的一种基本活动，从内容到形式，都体现了一定的社会关系，它在本质上也是一种社会活动，其最基本的形式是一种互动。”幼儿园教育活动中的互动既包括教师与幼儿之间相互影响的行为和过程，也包括幼儿与幼儿之间的彼此作用。这种动态性和互动特征不仅是作为活动主体的幼儿和教师最基本的社会活动形式，也是帮助幼儿实现知识建构并保证教育活动最终促进幼儿发展的重要条件。

（2）动态性也体现在幼儿园教育活动环境上的动态　教育活动环境的动态是指根据幼儿兴趣以及与环境相互作用的情况，根据教育活动的流程，不断地调整环境、重新构成环境。具体表现在：

- 动态的环境是不完备的、能给予幼儿充分发挥想象力和自主性的环境。教师应尽量让幼儿移动、重组、改造环境，让幼儿不断地发现问题并沉浸在解决问题的活动之中。

- 动态的环境是顺着幼儿活动的进程进行的环境。由于幼儿活动的展开是向着多个方向变化发展的，教师要构成幼儿能主动与之相互作用、获得丰富体验的环境，就有必要顺着幼儿活动的进程来构成环境。为此，教师必须注意了解、把握幼儿的内心活动。

- 动态的环境是在教育活动的引导性和幼儿活动的自主性之间形成平衡的环境。为了使幼儿向着教育目标所指的方向发展，使幼儿积累必要的经验，教师必须有计划地为幼儿构成具有教育价值的环境，同时为了使幼儿能不断自主地展开活动，教师也必须顺着幼儿活动的发展不断地对环境进行调整和修改、构成和再构成，即实现两者间的平衡。

4. 趣味性

（1）幼儿园教育活动的趣味性首先体现在活动的内容和形式上　虽然教育活动是教师或活动设计者按照一定的社会规范、教育要求，选择一定的教育内容，创设相应的教育环境而进行的带有目标意识（显性或隐性）的活动，它或多或少地带有认知方面的要求，在某种程度上体现一定的知识含量，但即便是对知识和经验的追求也是以符合和贴近幼儿所熟悉的生活、选择生动有趣的方式为活动前提的，只有这样，幼儿园教育活动才能迎合幼儿的天性，唤起幼儿的热情，引发幼儿的探究并促进幼儿的发展。

（2）幼儿园教育活动的趣味性还体现在活动环境和材料上　幼儿总是在与环境和

材料的相互作用过程中获得启迪、引起探究并取得发展的。幼儿园教育活动为幼儿提供或创设新奇、多变的环境与材料，能满足幼儿的好奇心，激发他们的探究欲；可供操作、实验的环境与材料，能满足幼儿的好动天性，引发幼儿的思考；自然、真实的环境与材料，能满足幼儿回归自然的愿望，促进幼儿的大胆体验与积极创造。

新奇、有趣，是幼儿探究和加入活动的最直接而朴素的缘由，幼儿园教育活动的主要活动对象是幼儿；因此，教育活动的生动有趣和丰富多样自然就成为其一个显著的特点。

三、幼儿园教育活动的基本类型

幼儿园教育活动的主体是幼儿，但活动的对象多种多样，构成因素也各不相同，这也就形成了不同类型的教育活动。按照不同的标准，一般可以将幼儿园教育活动分为以下几种基本类型：

1. 按幼儿园教育活动的内容领域分类

根据幼儿园教育活动的不同内容，可以将其分为语言领域教育活动、健康领域教育活动、科学领域教育活动、社会领域教育活动和艺术领域教育活动五类。当然，幼儿园的教育内容应当是全面的、启蒙性的和相互渗透的，这种划分只是相对性的。

2. 按幼儿园教育活动的性质分类

根据幼儿园教育活动的不同性质，可以将其分为由幼儿自主生成的教育活动和由教师预先设置的教育活动两类。前者更关注幼儿的兴趣、幼儿的学习需要，是在幼儿偶发性的探究和兴趣的支配下产生内部动机的需要并引导和帮助幼儿生成某个主题的活动；而后者更强调教师的计划组织和直接指导，是在教师设定教育活动目标、提供活动环境和材料并有计划地实施指导下的活动。

3. 按幼儿园教育活动的结构分类

根据幼儿园教育活动的不同结构，可以把幼儿园教育活动分为学科领域结构的教育活动（它通常包括语言活动、数学活动、科学活动、音乐活动、美术活动和体育活动六种类型）和主题单元结构的教育活动两大类。前者比较强调各学科领域的内在逻辑结构，注重幼儿的关键经验、学业知识和技能，具有较强的可操作性；而后者更强调多种教育因素和幼儿发展领域的全面整合，它有机地将不同学科领域的教育内容，在不同程度上以不同方式整合于一个（或若干个）教育活动中，体现了教育活动的综合性、整体性。主题单元结构的教育活动已逐渐成为了幼儿园教育活动的主要类型。

4. 按幼儿园教育活动的组织形式分类

根据幼儿园教育活动的不同组织形式，可以将其分为：

（1）集体活动　由教师有目的、有计划地组织全班幼儿在同一时间、同一空间下所进行的统一的活动。此类活动一般计划性较强，组织比较严密，时间比较固定。

（2）个别活动　根据个别幼儿的特殊需要安排和进行的教育活动，一般包括具有特殊才能或发展有障碍幼儿的个别教育以及部分供幼儿自由选择的区域活动。

（3）区角（小组）活动　由教师创设一定的环境，提供相应的材料并给予一定的间接影响的教育活动类型。如多功能活动室、活动区、活动角。幼儿可以在同一时间单元里选择不同的活动内容，一般组织比较宽松自由，时间相对自由，幼儿可以相互合作也可以个别操作。

5. 按幼儿园教育活动的特征分类

根据幼儿园教育活动的特征不同，可以把幼儿园教育活动分为生活活动、游戏活动和学习活动。幼儿园教育活动具有三方面的特征：①计划性、目的性；②幼儿的主体性、教师的主导性；③形式的丰富性、多样性。因此，从广义的角度来说，在幼儿园的一日活动中凡是符合以上三个基本特征的活动都可以理解为幼儿教育活动，而不是狭窄地将其仅仅界定为作业（或学习、学科）类的教育活动。

知识点 2 幼儿园教育活动设计简述

幼儿园教育活动设计是为了支持幼儿更有效地学习而预先对活动所进行的规划和组织，创设一个更有效的活动系统可以说是其根本目的；因此，对教师引起、维持和促进幼儿学习的所有行为的关注和研究也是幼儿园教育活动设计的基本内容和任务之一。

幼儿园教育活动设计作为一门学科，具有一个结构化的理论和实践系统，这一系统中包括了对促进幼儿学习的方法、条件、经验、情境、资源等的开发与研究。在对这一结构体系展开具体、深入的论述之前，我们有必要首先来讨论和明确一些相关的概念。

一、幼儿园教育活动设计的含义

“设计”一词已被广泛地运用于众多领域之中，但在特定领域的范围内，其含义有不同界定，一般来说，“设计”是指在创造某种具有实际效用的新事物或者解决新问题之前所进行的探究式的系统计划过程，是一个分析与综合的深思熟虑的精心规划过程。因而，它并不等同于那些精确、细致的专门计划，而是以问题的沟通为起点，以解决问题的实施规划为终点的，它注重的是规划和组织，也就是说，设计的过程独立于实施的过程，它着重在对计划对象进行安排和规划，找出相关因素和可能影响的条件，并对其进行控制。

教育活动设计是以关于教和学的科学理论为基础的，而教和学的科学理论与其他的科学理论一样是对现实世界假设性的说明。从某种意义上说，教育活动的设计者就好像设计工程师，两者都是根据以往成功的科学原理来计划将要展开的“工作”，所不同的是工程师按照物理学法则，而教育活动设计者是按照教与学的基本原理和规律进行设计。两者都试图使设计的结果更有效。

幼儿园教育活动设计是对教师教学组织行为的一种预先筹划，是对一系列外部事件进行精心设计和安排的过程，其目的是为了支持和促进幼儿的学习。由创设一定的学习经历所组成的，通过特殊的转换和发展，以确保学习经历卓有成效并能够达到特定的学习目标。事实上，它是为促进幼儿学习而对学习过程和资源所做的系统安排，是分析幼儿的学习需要和目标以形成满足学习需要的互动系统的全过程。它包括对学习活动目标的设定；对学习对象、学习需要的分析；对学习情境的发展；对活动资源的开发和利用；对学习过程的安排和调整；对学习对象行为的预测和评估等。

在幼儿园教育活动设计过程中，教师通过一系列有目的、有计划的系统设计，对即将形成的“作品”作出构想和规划，而这种构想和规划的基本支撑依据就是涉及幼儿发展和教育教学的有关学习理论和教学理论。而有关学习理论和教学理论为幼儿园教育活动设计中如何为幼儿提供学习前的准备、如何引发幼儿的探索性学习、如何为幼儿创设丰富的学习环境和材料、如何合理而科学地介入和调整幼儿的学习过程等一系列环节和技术的运用找到了切实可行的理论依据。幼儿园教育活动设计是在一定的学习理论和教学理论指导下对教育活动的系统规划过程。

二、幼儿园教育活动设计的特征

1. 创造性

对于幼儿园教育活动的教师来说，教育活动设计是其有意识、有目的地为优化教育活动过程、达成最优化教学效果而主动构思、设想和规划的一种预期方案。这种方案和计划本身会带有明显的设计者个体的主观性，能反映出设计者个体对于幼儿发展、教育价值、教学理念、学习原理和教学规律的诠释。从这个意义上来说，幼儿园教育活动设计实际上是教师的一种兼容创造性、学科性、决策性的研究活动，它是教师背景范畴、经验范畴、组织化的知识范畴三方面因素综合作用的产物。同时，这一特性也从一个侧面反映了这一综合、复杂的活动设计过程并不存在着一个标准的、统一化的、可参照的、可选择的模式和流程，它应该是教师富有创造性的“个人产品”。

2. 广泛性

从幼儿园教育活动设计的定义中可以看出，设计过程涉及了大量的活动，从最初的计划步骤、活动内容安排到整个过程的创造性活动都是为了确保教育活动顺利、有效地进行而展开的。可见，幼儿园教育活动设计中包含了一系列广泛的活动。如果在某种学习环境中活动设计不能提供适当的活动以支持幼儿的学习，促使学习顺利而有效地完成，那么，这个设计就是失败的。或者说，缺乏对活动设计的一系列影响因素和条件的综合、全面、整体的把握也就不可能体现活动设计的广泛性和多元性。但对于一个教育活动设计究竟应该包括哪些活动，即使是教育研究专家也没有一个完全统一的看法。有些人认为，教育活动设计首先必须包含对学习和教学的监测和维持活动；另一些人则认为，教育活动设计还应该考虑对教育方法的选择、理解、改进和运用以及根据教育规律、幼儿特点对教育活动环境、材料的设计等。所以，教育活动设计过程事实上与很多方面的发展活动是密不可分的，它是一个彼此联系、不断派生的系统过程，具有广泛性特点。

3. 技术性

一般来说，教育活动过程是为了便于学习者达到预定的目标和意图所进行的传递、转换和共享信息的一系列行为活动。幼儿园教育活动设计是一种诱发，产生一定的学习经验和学习环境，以激起学习者的学习兴趣，帮助学习者更好地获得特定的知识技能和提高学习效率的技术过程。在这个过程中，教师所承担的工作是极富创造性和负有重要责任的。它不仅需要教师全身心地投入，也涉及一定的设计技术，其中既包括对教育活动目标的设计技术、教育活动指导策略的设计技术，还包括对教育活动评价的设计技术，以及教育活动资源开发的设计技术等。而这种技术性，既体现在幼儿园教育活动的设计过程之中，也体现在教育活动的实施过程中。所以，技术性也是贯穿在幼儿园教育活动设计中的一个明显的特征。

三、幼儿园教育活动设计的基本原则

幼儿园教育活动设计是教师为促进幼儿发展而有计划、有目的地展开的一项创造性工作，它是建立在教师把握和分析活动对象的特点，制定适宜的教育活动目标，合理选择教育活动的内容与形式，并充分创设教育活动的环境和调动其他要素的基础之上的。因此，对于这样一种与教育目标、教育观念、教材教法、教师与幼儿以及环境与时空等各项因素相关的设计工作，为了促使其科学、合理而有效，有必要在设计中提出以及遵循一些基本的准则和要求。

1. 主体性原则

所谓主体是相对于客体而言的，一般来说，它是指有目的、有意识地从事实践活动和认识活动的个体。教育活动既可视为一种认识活动，也可视为一种实践活动，从幼儿园教育活动本身的呈现特点来看，教师和幼儿在教育活动中是共同参与、相互配合的，他们理所当然的都是教育活动的主体。但是，在幼儿园教育活动设计中的主体性原则是针对教师的角色和工作而言的，它应当把握好以下两点：

（1）教师必须坚持遵循和体现以幼儿作为活动的主体，在活动内容的选择以及活动形式的安排方面注重激发幼儿的能动性、自主性、创造性，通过为幼儿创设具有趣味性、探索性、可供幼儿自由交流和操作的环境与材料引发幼儿积极主动地与环境相互作用以获得相应的经验，并在幼儿自己发现和解决问题的过程中发展他们的能力。虽然教师根据社会的要求和教育的目标可以对幼儿施加一定的教育影响，但教师绝不能代替幼儿实践、代替幼儿发展。只有当教师的教育影响能够促使幼儿真正成为自己学习和发展的主体时，教育的既定目标才有可能得以最好的实现，教育的理想效益和最优化才有可能达成。因此，教育活动设计中的主体性原则首先是教师在教育观念上的转变和认识，其次才有可能落实和体现在教育活动设计的行动层面上。

（2）教师应当在重视幼儿主体性的同时，适时、适地、适宜地发挥教师的主体性，即在活动设计中正确地认识和把握好教师的角色以及对幼儿学习和活动的“指导”。教师的主体性发挥首先体现在活动设计中教师对自身参与活动态度的认识和把握上，应当以饱满的热情和积极的态度融入幼儿的活动之中，努力营造一种民主、平等、宽松、自由的活动氛围，在满足幼儿需要和意愿的同时潜移默化地发展幼儿的自主性。

> **讨论**
>
> 幼儿教育应做蹲下来教育，这是强调幼儿主体还是教师主体？

此外，教师的主体性发挥还体现在活动设计中对教师介入角色的定位和把握上，教育活动作为一种师幼双边互动的活动，其中教师与幼儿的互动方式可以是“指导性的互动”，也可以是“引导性的互动”和“中介性的互动”，在与幼儿的交流和互动过程中，教师不应当是一个“高高在上”的权威和领导者，而应该是幼儿活动和学习的参与者、合作者以及支持者。而且，教师的主体性体现并不仅仅在其对幼儿活动的直接指导方面，而且也体现在其对幼儿活动的“隐性支持”方面，而这种认识能够使得教师在活动设计中对其“主导”的作用和价值有一个更正确而更全面的把握，进而更好地推进幼儿的学习和发展。

2. **发展性原则**

所谓发展性原则是指在教育活动设计中必须准确地把握幼儿的原有基础和水平，并以此为依据着眼于促进幼儿在身体、认知、情感、个性以及社会性等方面全面而整体的发展。它包括两层含义：

（1）教育活动的设计应以促进幼儿的发展为出发点，应当适应幼儿的发展水平，考虑幼儿的原有基础。教育活动的目标和内容应以幼儿的身心发展成熟程度及可接受水平为基础，既不任意拔高，也不盲目滞后。在教育活动的设计中，教师必须遵循从幼儿身心发展的现实水平和已有的“内部结构”出发，既照顾到幼儿的现实需要、兴趣和能力水平，也考虑到幼儿长远发展的需要和价值，以促进幼儿在现有基础上的进一步发展和提升。正如著名心理学家维果斯基所认为的，教师应在幼儿的两种发展水平，即较低层次上的已有发展水平和较高层次上的须帮助而达成的水平之间确立其“最近发展区”，使教学建立在“最近发展区”的基础上，从而使教育活动能更好地真正促进幼儿的发展。

（2）教育活动的设计也应以促进幼儿的发展为落脚点，应当始终贯彻以“发展”作为教育活动设计的核心，无论是在教育活动目标的制定、内容和材料的选择以及方法和组织形式的运用等各个层面都要以如何有利于促进幼儿的发展作为依据和准则。当然，这种发展也应当是全面而综合的，既包括幼儿在身体方面的发展，也包括幼儿在智能、情感和社会性等方面的发展，它们应当是以一个合理而有机结合的整体体现在幼儿园教育活动设计之中的。

3. **开放性原则**

所谓开放性原则是指在教育活动设计中，教师既要根据一定的教育目标要求和内容范围，在预测、分析幼儿的学习需要以及年龄特点的基础上积极、主动地为幼儿创设和提供促进其学习的环境和资源，即对教育活动进行必要的预设。同时，更应当遵循充分地调动幼儿的兴趣、幼儿的探究和幼儿的需要的原则，给教育活动设计留有足够的空间，这种空间是随时随地为幼儿偶发的、自然生成的、即时体验的活动而准备的，因此，从这个角度来说，教育活动设计也应当是一个更开放的活动过程，而不是一个预先设置且一成不变的过程。开放性原则在活动设计中可以具体体现在以下三个方面：

（1）目标的开放、灵活和适时调整　教师在对活动目标的设计和表述上不应一概纯粹从行为目标的取向着手，而应当从活动的类型、幼儿的年龄、空间、时间、环境等多方面的因素考虑，综合地加以区别对待，比如对区角活动目标和学科活动目标的区别，集体活动和个别、小组活动目标的区别。

（2）内容的开放、丰富和多元　对教育活动内容的考虑，教师预设的是其认为对幼儿发展和获得知识经验有价值的，但是不是幼儿真正需要和有兴趣的呢？显然，要在这两者之间达到一种和谐与一致，就需要教师允许幼儿有自己的要求、自己的主张和自己的选择，教师在活动内容的把握上要注意尺度，给幼儿留有足够开放的空间。

（3）形式的开放、多向和灵活　在教育活动设计中，教师对活动基本形式的把握应当结合活动的内容、幼儿的特点等各方向因素加以考虑。对于不同活动类型应设计和考虑变化、多样的不同活动组织形式；对于不同发展水平的幼儿应当允许有不同的活动形式；应当能够为幼儿随即可能生成的、新的活动内容和探索兴趣创设支持性的活动形式，以真正满足幼儿的学习需要。

4. 渗透性原则

所谓渗透性原则是指在教育活动设计中将各种不同领域的内容、各种不同的学习形式与方法加以有机地融合，将其作为一个互相联系而不可分割的完整体系来对待。虽然幼儿园教育活动从不同的侧面可以进行人为的分类，但它在促进幼儿发展的目标上所涉及和涵盖的是幼儿在不同领域、不同层面的整体发展，在《幼儿园工作规程》中早就提出幼儿园教育的任务之一是使“体、智、德、美各方面的教育相互渗透，有机结合”，且提出要“充分发挥各种教育手段的交互作用”等。因而在教育活动的设计和实施中必然要求各个领域之间的相互渗透和有机整合。教育活动设计中遵循渗透性原则主要体现在两个方面：

（1）教育活动内容的相互渗透和整合　幼儿园教育活动的呈现是以幼儿的生活经验为基础的综合式、主题式活动，它是以幼儿的生活和经验为起点而构建起来的活动，活动的内容涉及科学、艺术、语言、社会、生活等各个方面，将这些不同领域的内容以一定的主题活动的方式加以整合，使其在一个或若干个教育活动中相互渗透、补充，它既符合幼儿的年龄特点、认知特点，也有利于幼儿对活动的介入和参与。

（2）教育活动形式的相互渗透和整合　一方面是指将集体进行的、正式的教育活动形式与个别选择的、非正式的教育活动形式相互渗透和结合；另一方面是指在一个教育活动的设计中将不同的学习形式与方法加以相互渗透和组合，让幼儿在操作、实验、游戏、体验、表现、创造等不同的学习形式下加深对活动内容的把握，以及更好地获得活动经验和学习经验。

四、幼儿园教育活动设计的意义

幼儿园教育活动设计与实施是在教育科学研究的大背景下产生的一个新课题。加强幼儿园教育活动设计，具有重要的意义。

1. 幼儿园教育活动设计可以扩展教师思维，选择行为策略

通过幼儿园教育活动设计，可以引发教师对介入幼儿学习的教育行为和策略的思考，更好地促进教师根据具体的、不同的教育活动内容和材料，根据幼儿的成熟水平和经验，根据学习的环境条件以及教师自身的条件和素质等综合因素来考虑和选择“适合”的行为策略，以支持、鼓励幼儿的自主学习和相互学习。

教师作为教育活动的设计者，除了对活动内容以及承载各种不同形式内容要求的材料作出选择外，还应当考虑的是在活动中选择什么样的行为策略才是适当的、合理的、有效的。有的教师习惯于把注意力放在自己及自己想要教给幼儿的知识或技能内容上，就往往会倾向于采用演示式的、教授式的、强化式的教育方法介入幼儿的学习活动；而有的教师则可能会把教育的中心放在幼儿身上，而不是教材上。他们优先考虑和关注的是了解幼儿的需要，了解幼儿的学习特点，着眼于创设适当的问题情境，着眼于师生之间的“对话”，着眼于去激发幼儿自主的学习，以促进幼儿的发展和成长。事实上，在不同行为策略产生的背后都暗含着设计者和教师的教育观念。在当今社会经济和文化的推进与变革中，注重幼儿自发性、自主性学习的新教育观逐渐得到张扬，对于幼儿的自主学习需要教师采取什么样的教育行为策略的问题，正越来越受到幼儿园教师们的关注和重视。

2. 幼儿园教育活动设计有助于幼儿学习，促进幼儿发展

教育活动设计所关注的并不是学习群体在社会中的能力和观念的变化，也不过多考虑社会信息和态度对学习群体的影响，而着重关注和考虑对个体学习的支持和引导。尽管在托幼机构中幼儿的学习更多的是以一种群体学习的方式存在的，但在教育活动设计中强调幼儿的个体特点和差异以促进不同发展水平幼儿个体学习的宗旨却是不容置疑的。因此，幼儿园教育活动的事先规划和设计，可以更多地从学习个体的角度出发，通过教师的工作，帮助不同幼儿个体有效地学习。

有目的、有计划的活动设计还能够影响和促进幼儿的发展。尽管只要我们为幼儿提供一个适当的环境，幼儿也能够以他们自己的方式成长起来，然而没有经过系统设计和规划的活动即使可以使幼儿获得某些发展，却不能保证使幼儿获得现在和未来社会中所有必需和有益的经验与能力。因此，进行教育活动设计的最基本意义就在于确保幼儿能最大限度地获得教育的益处，享受活动的乐趣，确保每个幼儿都有相同的机会发挥他们的潜能，既着眼于幼儿的当前发展，也关注于幼儿的长远发展。

3. 幼儿园教育活动设计可以优化活动过程，提高活动效果

教育活动设计是在全面了解幼儿是如何学习的基本前提下，在掌握幼儿学习理论、幼儿发展理论及其他相关科学理论的基础上，在充分考虑学习发生的各种可能性的条件下而展开的一种系统方法。它包括一系列相关的“操作”——分析学习者的需要、特性；确定教育活动设计的目的、顺序；选择活动的主题、内容以及希望达到的一般目标；设计安排达成目标的教学方法和学习活动；选择配合学习活动的各种资源；准备对学习结果的评估指标；确定如何为学习者提供学习前的准备、学习中的调整等。而其中学习者、活动目标、学习/教学方法及评估是四个关键的因素，它们之间具有不可分割的密切关系，它们构成了教育活动设计的主要过程。

由于幼儿园教育活动设计的一系列系统方法都是围绕着活动过程而展开的，即教师从可能影响幼儿活动过程的诸多因素出发，努力使教育活动设计成为一个优化的、组织结构科学的、系统的、合理的活动过程，为实现活动过程的优化并最终建立卓有成效且有吸引力的活动效果提供保证。

知识点 3 幼儿园教育活动设计的理论基础

幼儿园教育活动设计作为一门对幼儿学习的所有方面进行分析、设计、实施、评价以及研究的学科，是建设在一定的理论基础之上的。这些理论将直接影响到教育活动设计者、实施者对活动设计的理解以及对活动目标、活动内容、活动实施和活动评价的应用。总的说来，影响幼儿园教育活动设计的理论基础有学习理论、教学理论和一般系统理论三个方面。

一、学习理论与幼儿园教育活动设计

学习理论作为教育学的一门分支学科，它是指描述或说明人和动物学习的性质、过程和影响学习的因素的各种学说。由于教育活动设计的目标就是为支持幼儿更有效地学习、为寻求最佳的学习途径而进行的筹划和组织，而学习理论则在一定程度上描述、解释和预言了学习的规律性以及学习的过程等方面的问题，因此，以学习理论作为教育活动设计的理论基础自然是顺理成章的。长期以来，在许多有关学习的理论中，有两大理论体系各持一端，并产生了比较大的影响，一是认知派学习理论，二是行为主义学习理论。

1. 认知派学习理论与幼儿园教育活动设计

认知派学习理论主要受认知心理学的影响，其主要代表人物有皮亚杰、布鲁姆、奥苏贝尔、加涅等。与行为主义学习理论更强调学习环境对学习的影响不同，认知派学习理论更强调学习者内部的因素，这派理论认为学习是一种组织作用，是对情境的认知、顿悟和理解，是知觉的再构造或认知结构的变化，因而，其关注和探讨研究的是学习者内部的认知活动，如知觉选择、信息编码、记忆提取、执行监控、建立期望。

以认知派学习理论作为教学和教育活动设计的理论基础，加涅和布里格斯认为必须强调四个前提条件：第一，必须为个体而设计；第二，设计应包括短期和长期的阶段；第三，设计应实质性地影响个体发展；第四，设计必须建立在关于人们如何学习知识的基础上。可见，个体的认知结构和认知过程显然是认知派学习理论的核心。

2. 行为主义学习理论与幼儿园教育活动设计

行为主义学习理论应用于教育活动设计的基本思路是开发一种教育活动程序系统以准确分析学习者的行为表现，确定要达到的行为目标，设计教育活动以达到预先确定的具体学习结果。其中，行为分析的目的是确认学习者成功完成学习任务所需获得的一系列细小的、循序渐进的技能；而教育活动设计则指向于获得这些技能的具体目标，使这些技能的获得序列化。进而使学习者最有效地达到预先规定的学习结果。这种学习理论在幼儿园教育活动设计中的最基本、最突出的影响和体现就是把可观察的行为作为教育活动基础，提出用可观察行为动词来界定教育活动目标并依此展开教育活动。

在幼儿园，行为主义学习理论对教育活动设计与实施的影响主要表现在以下几个方面：

（1）受行为主义“程序教学”思想方法以及“小步子”“循序渐进”“序列化”“学习者参与”“强化”“自定步调”等教学原则的影响　在幼儿园教育活动设计中注重对活动组织形式的思考，设计者更关心的是如何发展幼儿未来的能力和倾向；因而，从把握和确认幼儿原有的知识水平开始，以小步递进的方式实施教育活动和教学。虽然这种刺激—反应—强化的小步骤学习对帮助幼儿获得目标所要求的东西具有一定的收益，但是这种小步骤的学习甚至加上许多重复练习，却忽略了幼儿的需要，自然也就导致幼儿对学习和活动的疲乏、厌倦。

（2）受行为主义学习理论“环境对学习的重要性”观念的影响　在幼儿园教育活动设计中非常重视对学习环境的设计、对幼儿学习任务的分析，把创设学习情境、促进幼儿学习作为最重要目标之一。

（3）受行为主义学习理论“强化”这一基本原理的影响　在幼儿园教育活动设计中特别注重为获得学习成果而进行的适当强化。在目标导向的幼儿园教育活动设计与实施中，从促成幼儿掌握一定的知识技能出发，依靠练习、增加训练往往成为教师促进幼儿获得信息和巩固信息的主要教育活动策略和手段。

在幼儿园教育活动实践的较长一段时间里，目标模式的幼儿园教育活动曾是一种主要的活动模式，而该模式就是依据行为主义理论的基础来编制目标的。它是一种以教育活动目标为核心和基本准则，并使整个教育活动过程都围绕着目标标准进行选择、设计、实施和评价的教育活动模式。这种教育活动的行为目标表述强调的是目标的可理解性、可把握性和可操作性，它给教育者（教师）实施目标，并从目标出发选择教育活动内容以及据此评价教育活动带来一定的积极效果，但也不能否认可能由其他方面所带来的消极影响。目标模式表现在教育活动设计中，倡导将幼儿学习活动的目标以认知、情感与态度、操作技能三方向为分类标准建立系统化目标体系，尤其是在目标的表述上，要求以行为化的、可观察的语言来陈述目标，用能反映出幼儿操作方式的具体、恰当的动词，以外显可察的表现清楚地表明在活动过程中幼儿将要做什么以及应做到何种程度，而不是以“理解”“掌握”“了解”等一类心理内隐活动的模糊语言来描述目标。

知识库

维果斯基理论与幼儿园教育活动设计

作为一位杰出的教育心理学家和社会文化历史学派的创始人，维果斯基关于人的高级心理机能发展的活动说、中介说和内化说的心理发展理论，关于“最近发展区”和“良好的教学应走在发展前面”的著名论断，已经在学前教育理念和实践的推衍和演绎中被成功地转化为一种看得见的教育思想、教育原则和可操作的教育实践。

作为历史文化理论的倡导者，维果斯基关于高级心理机能发展的理论和皮亚杰理论的差别是明显的。对皮亚杰来说，发展是一个“像阶段”（stage-like）在生物进化过程，是一个连续的“事件”。与皮亚杰“从内而外”（inside-out）建构的发展观不同，维果斯基的发展观可以表述和概括为“从外而内”（outside-in）。维果斯基认为幼儿高级心理机能的发展是由外部向内部的转化，由社会机能向个性机能的转化。他认为：“在幼儿的发展中，所有的高级心理机能都两次登台：第一次是作为集体活动、社会活动，即作为心理间的机能，第二次是作为个体活动，作为幼儿的内部思维方式，作为内部心理机能。”他把这一从外到内的过程经典地概括为“文化发展的一般发生规律”。对维果斯基来说，发展是人的富有意义的概括化，是社会共享活动向内化过程的转化。

维果斯基有关心理发展理论的另一重要组成部分是关于活动这一中心概念。维果斯基认为，“人的心理过程的变化与他的实践活动过程的变化是同样的。”早在20世纪20年代，维果斯基就已经注意到了活动在高级心理机能形成中的重要作用，认识到活动与心理、活动与意识的统一性，并用这一心理学原则来解释活动与幼儿发展的关系，明确提出：“作为教育过程基础的应该是学生的个人活动，而一切教育的艺术则应该总结为引导和调节这一活动……从心理学的观点出发，教师是教育环境的组织者，是教育环境与受教育者相互作用的调节者和控制者……社会环境是教育过程真正的杠杆，而教师的全部作用可归结为对这一杠杆的管理。”虽然皮亚杰的认知建构理论中也十分强调动作和活动在幼儿发展中的重要作用（强调幼儿自主地活动，强调提供实物让幼儿动手操作，强调在活动中鼓励幼儿的自我调节和反省抽象），然而其理论却也不可避免地暴露出过分着眼于幼儿自身的活动，低估成人在帮助幼儿认知发展中的作用以及不重视社会交往和记忆等缺陷。与皮亚杰强调内部的和主观经验的取向相比，维果斯基更强调的是心理发展的社会文化取向，并把幼儿与其教养者、幼儿与同伴之间的共同活动视为幼儿发展的社会源泉。

心理发展的中介说是又一个与维果斯基关于心理发展的活动说紧密联系、不可分割的理论。维果斯基认为，人所特有的高级心理机能是以社会文化的产物——符号——为中介的，正是通过工具的运用和符号的中介，人才有可能实现从低级心理机能向高级心理机能的转化。而“无论在社会历史发展的过程中，还是在个体发展的过程中，心理活动的发展都应该被理解为对心理机能的直接形式，即‘自然’形式的改造和运用符号系统对心理机能的间接形式，即‘文化’形式的掌握。”

从以上有关维果斯基心理发展理论的简要说明中可以清楚地看出其核心思想——人的心理发展的源泉与决定因素是历史过程中不断发展的文化，是作为人的社会生活与社会活动产物的文化。幼儿与同伴、幼儿与成人之间共同的社会活动不仅是幼儿发展的需要，更是促进幼儿发展的重要源泉。事实上，幼儿的心理发展既是个体的又是社会的，个体的知识建构过程是和社会共享的理解过程不可分离的。近几年来，在世界学前教育领域产生巨大影响的意大利瑞吉欧的教育经验正是一个将维果斯基的心理发展理论有效地运用于促进幼儿发展的教学之中的经典范例——在由幼儿、教师、家长和社区其他人员集体学习、共同建构的一系列“方案活动”中；在幼儿充分自由表达和表现的多种符号系统的反应活动中；在成人和幼儿平等交流、记录并共享的探索过程中，维果斯基理论中具有文化传递需求的、指向“最近发展区”教学的特征被鲜明地呈现了出来。

在幼儿园的教育活动设计和实施中，维果斯基理论可以为我们带来一些启示。

(1)“最近发展区”和“鹰架教学” “最近发展区”和“鹰架教学”是维果斯基提出的两个相互关联的重要概念。维果斯基认为，幼儿的任何一个行为都是有两个水平的，较低水平的行为是幼儿的独立行为，即幼儿能够独自完成或自己知道的事物；较高水平的行为是幼儿在帮助下能够达到的行为，而这两个行为水平之间所构成的区域就是幼儿的“最近发展区”。而所谓“鹰架教学”是指为幼儿提供教学，并逐步转化为提供外部支持的过程。维果斯基关于“最近发展区”和“鹰架教学”的建议至今仍有价值，它不仅使教师的广泛参与合理化，更为我们思考和回答教与学这一两难问题带来了崭新的启示。在幼儿园教育活动的设计与实施中，一个优秀的、有能力的教师应当努力地为学习者（幼儿）提供一个在最近发展区内的鹰架，进而促使学习者在一个更高的水平上发展。对于教师来说，能够发现和捕捉幼儿准备向学习跨出一步的微妙时刻并适时地给以鹰架的能力是十分重要的。同时，维果斯基提出的这两个重要概念也促使教师们重新思考和定位在幼儿园教育活动中的角色承担——教师已不再是传统意义上的讲授者、指挥者、管理者，而是在与幼儿共同学习、共同建构的过程中，在与幼儿分享、交流、互动过程中的支持者、合作者、对话者。

(2) 社会交往对于幼儿知识建构的价值 关于知识建构，皮亚杰更多强调的是个体对新知识的创建；而维果斯基则更侧重文化和语言等知识工具的传播，更重视知识的社会建构。因为个体的主观世界是和社会相互联系的。知识是在人类社会范围里通过个体间的相互作用及其自身的认知过程而建构的。当幼儿与他人共同活动和交往时，他们不仅与材料相互作用，而且在社会交互作用的过程中，通过冲突、比较、协调、调整和提升个人的认知结构。在维果斯基看来，心理工具不是个体在孤立的状态下创造的，它们是社会文化生成的产品，是由个体通过积极地参与团体的实践活动而获得的。显然，集体学习的效果要超越个体学习。所谓集体学习，是指若干个体在认知、情感和审美方面共同解决问题、创造作品，在这个过程中每个人自主地学习，同时还通过向他人学习的方式学习。这种集体学习的学习者，不仅仅指幼儿，还包括成人。尽管成人和幼儿在一个学习集体中扮演着不同的角色，但都致力于一种教与学的文化建设。

幼儿在作用于材料的活动过程中，不仅有与他人交流、合作和分享自己想法的需要，而且能在与他人的相互作用过程中共同建构知识。因为在这样的集体中，幼儿可以受到材料的吸引、环境的刺激、成人的帮助、同伴的启发，所有这些都将有效地激发幼儿进行自我学习和相互学习，从而使幼儿的学习变得更有意义。在幼儿园教育活动设计中，教师除了充分地创设环境、提供材料让幼儿操作和体验，还应当积极地营造一种合作学习、相互学习、促进社会互动和共同建构的学习氛围；同时，在教育活动的组织形式上更多地为幼儿创设小组学习、集体学习的活动形式，使集体学习成为支持幼儿学习的有效“催化剂”；再者，知识的社会建构还提示教师和教育活动设计者在考虑和构架幼儿活动的内容时，不只局限在物理知识和逻辑数理知识方面，而是更多、更广地涉及道德和社会知识方面，重视包括认知、情感、个性、社会性、审美等各个领域的“大知识”的构建，重视幼儿在活动中通过社会和人际关系获得对知识的构建。

二、教学理论与幼儿园教育活动设计

教学理论作为教育学的一门分支学科，它是研究教学情景中教师引导、维持或促进学生学习的行为，构建一种具有普遍性的解释框架，提供一般性的规定或处方，以指导课堂实践的一门学科。与学习理论的描述性不同，教学理论是建立在学习理论基础之上的一种处方性、规范性、实践性的理论，它关注的焦点是教学实践，关心如何促进教学。从某种角度而言，教学理论所关注和研究的，正是教学设计所追求和希望达成的目标，因此，它与教学设计更直接相关，或者说某种教学设计就是一种教学理论的体现。

在教学理论的研究和发展历史上，曾经产生了许多颇有影响的教学论主张，如美国斯金纳的程序教学理论、罗杰斯的非指导性教学理论、布鲁姆的认知教学理论、巴班斯基的教学过程最优化理论、瓦根舍因的范例教学理论。而作为教学设计（或教育活动设计）的理论基础，教学理论的概念模式相比较整个教学理论而言，与之更相关，因为它直接涉及课程、教学内容组织、教学活动传递、学习者个体特征等教学要素的讨论和分析。而教学的概念模式一般可以划分为学习者中心模式、时间中心模式和任务中心模式三种。

1. 学习者中心模式

学习者中心模式是一种更强调学习者的重要性，把有效的教学建立在对学习者个体差异的分析之上的一种教学理论概念模式。这种教学模式是以皮亚杰的发展心理学为基础构建起来的，根据皮亚杰提出的幼儿不同的认知发展阶段来考虑课程的内容、组织与教学传递，它更强调幼儿的身体和智力发展。这种教学模式的目的并不在于要求每个学生接受所有学科规定的内容，而在于强调每个学习者都能得到个体的充分自由发展。

2. 时间中心模式

时间中心模式是一种侧重教学时间对教学效果影响的教学理论概念模式，它以变量的界定为特点。最具代表性的是卡罗尔学习模式，后来的布鲁姆的掌握学习模式等都是在卡罗尔学习模式的基础上构建起来的。卡罗尔学习模式提出了一个描述学习程度的经典方程式：

$$学习程度=f（实际使用的学习时间/学习所需要的时间）$$

在卡罗尔的学习模式中，有五个变量——学习机会、学习者的耐心和毅力、学习者的理解力、学习者的能力倾向、教学质量，其中，前两个变量决定学生实际使用的学习时间，后三个变量决定学习所需要的时间。卡罗尔认为，在教学中，学生自身的内在因素（即学习者的耐心和毅力、学习者的理解力、学习者的能力倾向）是难以控制的，可以控制的是影响学生学习的外在因素（即学习机会和教学质量），因此，教学中如何安排适量的学习时间、确定具体学习目标、有效地运用教学传递技巧就显得尤为重要。

在卡罗尔学习模式的基础上，布鲁姆的掌握学习模式又进一步探讨了影响积极学习时间的因素，侧重对学习者和教学环境的讨论与研究。在关于掌握学习的教学质量特征方面，布鲁姆着重描述了决定教学质量的四个特性——提示、参与、强化、反馈与校正。布鲁姆将学习者的特征分为两种：认知先决行为特征和情感先决行为特征，并指出有效的学习是建立在具有认知特点的先行学习行为的基础之上的。

3. 任务中心模式

任务中心模式是侧重于解释和促进学习发生过程的一种教学理论概念模式。较为著名的有加涅的教学模式和布鲁姆的教学模式两种。

加涅的模式源于他提出的信息加工理论，他以学习结果（学习领域）的五大分类——动作技能、言语信息、智慧技能、认知策略和态度为基础提出知识结构的概念。在对五种学习结果的学习条件作出细致而系统的分析的基础上，根据认知结构学习理论的信息传播与加工特征，他进一步提出了支持学习过程的九大外部教学事件：引起注意；告诉学习者目标；刺激对必备学习的回忆；呈现刺激材料；提供学习指导；引发学习行为；提供行为正确与否的反馈；评估学习行为；强化保持与迁移。加涅的教学模式为创设一定的外部条件来实现学习的内部条件以完成教学任务提供了一种可直接应用到教学设计过程中的概念模式。

从认知心理学的角度出发，布鲁姆认为，“人们不可能脱离知识的顺序及获得知识的方式而知道某些东西。所谓‘知道某些东西’不是简单地记住它，而是能够提取出来，能够操作和使用它。”知识的获得与储存取决于知识的结构方式，良好的知识结构不仅使知识储存“经济”而有效，而且也便于知识的迁移。因此，他提倡学习过程中应加强对知识结构和形式的分析，提倡编制学科中心的结构化教材，让学生通过自身的探究、发现并把握学科的基本结构，在问题解决中促进学生的认知发展。

以上三种教学理论模式都从各自不同的侧重提出了相关的教学理论：学习者中心模式侧重学习者的个别差异，把构建有效的教学建立在对学习者个别差异的分析和区别对待上；时间中心模式侧重对教学时间的分析，着重描述了与教学环境有关的变量以及这些变量与最佳学习情境间的关系；任务中心模式侧重对教学任务的分析，注重学习发生过程以及强调便于学习的循序渐进式教学过程。可以说，三种教学理论的概念模式分别从变量界定、过程描述和学习者差异的角度为教学设计提供了理论基础和依据。但是，由于在此我们着重讨论和关注的是教育活动设计，尤其是界定在幼儿园中的教育活动，它毕竟不能等同于教学，因此，这三种教学理论模式就不可能直接对应作用于幼儿园的教育活动设计。而且，由于学前幼儿的特殊性，也使得这三种教学理论模式对幼儿园教育活动设计在理论构思以及实践应用方面所产生的影响和作用有所不同。

时间中心模式是从教学环境中的有关变量描述出发的，学前幼儿的年龄特点和心理发展特点决定了幼儿园教育活动环境与教学环境的不同，因此，从教学环境中的变量出发的教学理论和模式并不能简单地迁移至幼儿园教育活动的设计中。而任务中心模式虽然也是从学习过程描述出发的教学理论，并为教学设计呈现了一系列可参照的步骤，同样也不可能直接应用于幼儿园教育活动的设计之中，但是，此种教学理论的有关思想和对学习过程的分析却可以为幼儿园教育活动的设计者带来一些有价值的影响和启示：

（1）可以使教育活动设计者在考虑和建构教育活动的目标时，从一个全方位、整体的视角出发，以促进幼儿各个领域的发展，而不是仅仅将目标局限于智慧技能和认知策略领域。

（2）加涅教学理论中对五种学习结果的学习条件所做的分析，可以为幼儿园教育活动设计者如何考察教育活动情境以及限制因素提供方向和思路，当然，也能为教师在教育活动的具体化步骤和途径的设计上提供一些借鉴。

相对于时间中心模式和任务中心模式，学习者中心模式无疑是与幼儿园教育活动设计最为相关的，产生的影响和作用也是较大的一种教学理论和模式。该模式关注学习者的个体差异，强调每个学习者个体的充分自由发展，它为幼儿园教育活动设计提供了切实的理论依据。在这种教学理论的影响下，幼儿园教育活动的设计者和教师在活动设计中更侧重和关注让幼儿学习操作和逻辑结构，而不是内容本身；更注重对影响学习的因素的思考和把握，并逐渐认识到影响学习的因素不是教育活动内容本身，而是教育活动内容的呈现方式，由此从幼儿认知发展的基础出发来设计和构建教育活动过程。当然，任何教学理论和模式都不可能是绝对万能的，都有其适用的条件、范围和场合，教学理论和教育活动的设计实际上是相互影响、相互作用的。作为教育活动的设计者，首先应该确定活动的目标以及需要解决的实践中的问题，在此基础上再以一定的教学理论为依据，采用相应的策略来调整和解决活动中的问题。

知识库

皮亚杰理论与幼儿园教育活动设计

作为人类历史上一个伟大的幼儿心理学家，皮亚杰对幼儿心理发展以及学前教育所产生的影响是有目共睹的。虽然他并没有作为一个教育家去阐述其理论在教育领域中应如何应用，但作为一个发生认识论的研究者，其理论对教育所产生的影响和启示是极其深远的，尤其是皮亚杰提出的关于知识的建构理论以及认知发展的过程和阶段理论。

皮亚杰认为，知识不是被动地从环境中吸收的，也不是预先在幼儿头脑中形成，并随着幼儿的成熟随时出现的，而是由幼儿通过他的心理结构与他的环境之间的相互作用构建的。知识不是现实的影像，要知道一个外物，就要对它施加动作，变更它或转化它，并在这一过程中理解这一外物被构造出来的方式。这个动作就被称为“运算”，它实际上是一种动作的内化。而“这里的知识，包括逻辑、数理知识和广义的物理知识，对知识的理解过程也就是主体建构过程”。事实上，皮亚杰的发生认识论是一种基于主、客体相互作用的理论，它以相互作用的动作和活动作为认识的起点，幼儿正是以几个与生俱来的基本结构为起点，开始与他的环境相互作用，从而构建这些结构并发展出新的认知结构来的，它是一个能动的构建过程。其中，“动作是联系主客体的桥梁，动作发展了，主客体各自的联系也就得到了发展，它们分别演化成关于客体的物理知识结构和关于主体的数理逻辑结构。”皮亚杰认为，物理知识是涉及客体的性质、特性方面的一种外源性的知识，它可以从主体的个别动作中获得，是一种简单抽象；而数理逻辑知识涉及的是物体之间关系的建构，这种关系并不存在于客观世界中，它需要通过主体的不断建构，由此产生一种内源性的知识，而此类知识的获得则依赖于主体的一系列动作以及动作之间的协调，它被皮亚杰称为反省抽象。但是，无论是依赖于个别动作的物理知识还是依赖于一系列动作之间协调的数理逻辑知识，任何知识都发源于动作，一切水平的认识都是与动作有关的，幼儿认识的逻辑化最早是出现在动作水平上，然后由动作图式内化派生出运算图式的。

关于认知发展的过程，皮亚杰提出了几个关键的核心概念，其中，图式是一个极其重要的术语。皮亚杰认为，从一般意义上来看，图式就是任何心理发展阶段的结构，它是人类认识事物的基础或者说是认知结构的起点和核心，正是图式的形成和变化使认知不断地由低级向高级发展；而认知发展过程中的另一个重要概念就是平衡和平衡化，它不仅可以用来解释生理机能的协同作用，也可以用来解释认知的发展过程。皮亚杰认为，有机体认知发展的过程就是其内部结构与环境不断相互作用的过程，在这种与环境的相互作用过程中，同化和顺应是两种不同的作用方式，它们是“结伴而行”的，所谓平衡就是指同化和顺应之间的均衡状态，平衡化就是一个以同化和顺应为机制的自我调节的过程，而平衡的连续不断的发展，就是整个认知发展的过程。关于认知发展的阶段，皮亚杰将其概括为一个连续的发展过程，一个图式不断重建的过程。它可以划分为四个按不变顺序相继出现的、有着质的差异的认知发展阶段：感知——运动阶段（0~2岁）、前运算阶段（2~7岁）、具体运算阶段（7~12岁）和形式运算阶段（12~15或16岁）。它们具有三个特点：

第一，阶段出现的先后顺序不变，不能跨越，也不能颠倒，每个个体都按同样的顺序经历认知发展的各个阶段，阶段虽与年龄有关系，但不完全是年龄本身所决定的；第二，每个阶段都有其独特的图式，它决定着个体的行为；第三，每个阶段都是前一阶段的延伸和发展。皮亚杰的建构主义理论被应用于教育实践时，他为教师提出了三条劝告：“为幼儿提供实物，让幼儿自己动手去操作；帮助幼儿发展提出问题的技能；教师应该懂得为什么运算对于幼儿来说是困难的。”从这三条相互关联的建议中，我们可以明显地感觉到在幼儿园教育活动设计和实施过程中，皮亚杰理论所带来的影响和启示。

(1) 强调为幼儿提供实物，让他们自己动手操作　皮亚杰理论认为知识的获得更依赖于主体的自我建构，动作是使主体自身认知结构和外部环境获得联系的桥梁和中介，任何知识的获得都离不开动作，幼儿的思维起源于动作，抽象水平的逻辑来自于对动作水平的逻辑的概括和内化。在这种知识建构理论的推衍和影响下，不仅出现了以皮亚杰理论为主要理论基础的学前幼儿课程，如拉瓦特里的早期幼儿课程方案（ECC）、韦卡特等的幼儿认知导向课程（High/ScoPe）以及凯米和德弗里斯的皮亚杰式早期教育方案（EEP），而且也使幼儿园教育活动的设计者、实施者在一般意义上充分地认识到皮亚杰理论的教育含义并在教育活动中加以演绎和应用——视幼儿为主动的学习者、建构者，在活动中充分重视为幼儿提供和创设丰富的学习材料和环境，鼓励幼儿自己动手操作，通过幼儿自身的感知、操作等积累经验，在思考、推理和解决问题的过程中促进幼儿在其原有认知结构和新学习知识间建立联系以获得粗浅的逻辑概念。

(2) 强调幼儿的自主活动，鼓励幼儿在活动过程中的自我调节和反省抽象　皮亚杰理论为实施以幼儿为中心的教育主张提供了充分的心理学依据，它使教育者更相信并主张教育应当适合不同水平的幼儿的发展，应当鼓励和支持幼儿的自主活动，促进幼儿知识的自主建构过程。关于这一点，凯斯曾经对皮亚杰理论在教育中的应用要点作过两点归纳：“①幼儿接受的教学应同他们能够达到的智慧机能的类型相适应；②教学采取的一般方法应当能够促进自我调节或建构的过程。”

从皮亚杰的理论中，教师和教育活动的设计者、实施者可以得到坚定的启示——幼儿能在其自己计划、进行和反应的活动中获得更好的学习；只有顺应和适合幼儿，促进幼儿自主建构、自我调节的活动才能真正促进他们的智慧发展。由此，在幼儿园教育活动的设计和实施中，以幼儿为活动中心，提倡幼儿主体参与，充分与环境和材料互动，引发幼儿积极思维，促进幼儿自我建构、反省抽象的活动原则和不同组织形式（集体的操作活动、个别的区角活动等）得到了充分的体现和重视。

三、一般系统理论与幼儿园教育活动设计

所谓系统是指为达到共同的目的，由相互作用、相互联系的许多要素构成的一个整体。系统不但有多种类型，而且每个系统又可以有它的子系统，一系列子系统之间也是相互关联的。任何系统一般都包括五个要素：人、物、过程、外部限制因素及可用资源，这五个要素之间是紧密联系的。幼儿园教育活动是一个由教师、幼儿、活动内容、活动条件和环境等因素组成的系统，是一个各构成因素、流程和信息控制彼此之间相互联系的复杂系统，是一个由输入（建立目标）—过程（导向目标）—输出（评价目标）组成的完整过程，因此，一般系统理论能为幼儿园教育活动设计提供一种科学的方法论基础，并对构建幼儿园教育活动学科体系产生举足轻重的作用。

（1）以一般系统理论为基础设计幼儿园教育活动，能够促使和帮助教师自觉地运用一种系统的方法　这种系统方法不仅体现在能够为教师提供一种思考和研究活动信息、教学事件的方式方法，通过对系统环境中收集到的有关信息的反馈（正反馈或负反馈）对教育活动系统不断地进行修改和调整，以促进新的再组织和再进化过程（这种系统的调整特性正是保证幼儿园教育活动合理、有效以真正促进幼儿发展的关键所在）；而且也能够为教师解决某个教育问题或满足某种需要提供一种实际的帮助。

（2）以一般系统理论为基础设计幼儿园教育活动，还能够为教师在制定活动设计的计划时提供一种系统工具　比如活动设计的流程图，它可以帮助教师更简明、形象地理解从分析学习者需要、学习任务到教育活动设计模式完成的整个活动设计过程。当然，在幼儿园教育活动设计之中用系统方法有时也许会走入太过追求结构而陷入机械化的误区，但是，我们并不能因此就对系统方法论本身产生认识上的偏差，实际上，系统方法正是一种使混乱的事情变得有序、有意义的方法，在强调它的有序、结构化的同时，也并不妨碍它的创造性发挥，关键取决于设计者对其价值的正确定位和合理应用。

在幼儿园教育活动这个特定的系统内，它本身具有一定的系统组织结构，我们可以从不同的角度将它分为系列相互关联的子系统（从学科领域的角度可以分为语言活动、数学活动、音乐活动、美术活动、科学活动、体育活动；从组织形式的角度可以分为集体活动、小组活动和个别活动；从活动性质的角度又可以分为以教师为中心的预设性活动和以幼儿为中心的自主生成性活动等），它们是这个系统的有机组成部分，而且通过它们各自的设计、实施和评价过程构成了整个教育活动系统的结构，正是这个结构决定了幼儿园教育活动系统所具有的性质和功能。在幼儿园教育活动的设计中，设计者或教师只有清楚地了解活动系统的各个组成部分以及不同子系统的作用过程和相互关联，才能从系统整体观出发，以幼儿发展和活动环境的分析制定教育活动目标、选择活动内容，并有效地运用系统反馈对教育活动进行调整修正，以更好地促进教育活动系统的组织化、结构化和整体优化。

知识库

新年礼物

上海浦东新区冰厂田幼儿园　李莉/设计　缪苗/执教

设计意图：

“过新年”这个主题蕴涵了许多节日特定的认知元素，如新年的祝福、新年的礼物、新年人们的年龄变化。

我通过与家长交流，发现新年礼物是小班幼儿感兴趣的一个内容，伴有许多有价值的教育元素。比如，收到礼物时的感受与交往（礼仪与交往），打开礼物前的猜测与判断（合理想象与判断的方法），打开礼物后的验证过程与心情（验证并获取经验）。

在思考活动方案时，我认为以不打开礼物为前提，让幼儿用各种方法来判断包装袋（盒）中“有”和“没有”礼物，是活动中幼儿积累认知经验的重点。由此，我形成了设计思路：以礼物为线索，将寻找礼物、猜测礼物、分享礼物的过程自然衔接并层层递进，激发幼儿从寻找中收获情感，发展语言；从探索中寻找方法，发展思维；从分享中体验快乐，尝试交往。

活动目标：

1. 在猜测礼物、打开礼物的过程中，体会节日来临的快乐。

2. 尝试用各种方法（如摇、捏、闻、掂）来判断礼物的“有”或“没有”，体验探索的乐趣。

活动准备：

1. 包装精美的礼物（事先藏在活动室内的各处，数量略多于幼儿人数）：(1) 礼物既有盒装的，也有袋装的，其中有极少数盒（袋）内没有礼物。(2) 礼物从幼儿的生活经验与兴趣需要出发考虑，能引起幼儿猜测或判断，如有无声响、有无香味、有无重量。其中有一两样是能够产生争议的，如分量很轻，无法一下子判断出来。

2. 桌面上有笑脸和哭脸两个大圆圈，分别表示“有礼物”和“没有礼物”。

3. 幼儿有收到或打开礼物的经验。

4. 歌曲《新年好》磁带。

活动过程：

一、寻找礼物

1. 新年快到了，你想不想收到礼物呀？别急，老师已经为你们准备了好多新年礼物，就藏在我们活动室里，一起去找找吧！

2. 你在哪里找到了礼物？(可以随机用“哇！你找到一大盒礼物”“瞧！他找到的是一袋礼物”等进行评价)

3. 你是怎么一下子就找到礼物的？(发现礼物的精美包装)

4. 礼物盒、礼物袋里究竟有没有礼物呢？老师请你们先不要打开，想办法猜猜看。

二、猜测礼物

1. 你找到的礼物盒（袋）里有没有礼物？你是怎么知道的？（引导幼儿运用摇、捏、闻等各种方法来判断礼物的有与无，并注意动词的使用)

2. 如果你觉得你找到的包装盒（袋）中有礼物，就把它放在笑脸娃娃的圆圈里；觉得没有，就放在哭脸娃娃的圆圈里。

3. 共同验证猜测的结果。

(1) 验证笑脸娃娃圆圈里的礼物盒（袋）。

这些都是小朋友认为里面有礼物的。究竟大家的猜测对不对呢？我们打开礼物盒（袋）看一看。(直接打开礼物盒)

(2) 验证哭脸娃娃圆圈里的礼物盒（袋）。

a. 这些盒（袋）子里有礼物吗？（请几个幼儿再次上来辨别或判断）

（其中有一件礼物因为没有声音、没有重量、没有味道引起了幼儿的争论）

b. 究竟有没有呢？我们也打开看看（请个别幼儿打开）。

（幼儿打开礼物盒，一只大大的氢气球慢慢升起，孩子们非常惊喜，大声喊道："有礼物的，是氢气球，气球飞起来了……"）

c. 原来是有礼物的！是氢气球！气球你好！祝你新年快乐！

d. 小结：刚才大家想了许多办法，终于发现了礼物盒里的秘密。

三、分享礼物

1. 新年里，大家一定还能收到很多礼物。收到礼物时应该和送你礼物的人说些什么呢？（谢谢；祝你新年快乐！）

2.《新年好》音乐响起，幼儿和教师、同伴一起分享礼物。

以上这个案例，其一，选择了一个有价值的切入点。这个活动源于幼儿的生活经验，深受小班幼儿的喜爱。该活动以礼物为载体，引导幼儿积累相关的经验，注重能力的培养，而不是单纯的知识传授，找到了一个非常有价值的切入口。其二，提供了一些富有童趣的教学工具。为了达到目标，教师为幼儿选择的礼物既富有童趣，又蕴涵探索价值。那些包装盒、包装袋上有小锁、拉链、胶带、绳子等，可以从多方面发展幼儿手部小肌肉群的动作技能。其三，设计了一个富有挑战性的活动过程。小班幼儿各种感官的感知能力还较弱，要求幼儿在不打开礼物包装的情况下猜测礼物的有与无，对小班幼儿来说是一个挑战。教师在活动中充分调动了幼儿的各种感官来探索、判断，有效促进了幼儿感知能力的发展。

每章一练

1. 幼儿园教育活动具有哪些特点？
2. 幼儿园教育活动的基本类型有哪些？
3. 如何理解幼儿园教育活动设计的意义？
4. 你认为幼儿园教育活动设计有哪些重要原则？

第二章 幼儿园教育活动设计中的目标和内容

本章概述

《幼儿园教育指导纲要》(试行) 中指出：幼儿园的教育活动是教师以多种形式有目的、有计划地引导幼儿生动、活泼、主动活动的教育过程。因此，教育过程中，教师的一项重要任务就是要恰当地确定教育活动目标，选择适当的教育活动内容，以保证教育活动能够科学有序地进行，达到预期的教育目的。

教学目标

1. 理解幼儿园教育活动设计中的目标。
2. 掌握幼儿园教育活动设计中的内容选择。
3. 熟悉幼儿园教育活动内容的设置。

知识点 1 幼儿园教育活动设计中的目标分析

目标是人们活动中欲达到的境地或标准。由于教育活动的复杂性和长期性，其所要达到的境地或标准包含着多重内涵，具有一定的层次性和递阶性，所以，教育活动设计中，为了能准确地理解和把握教育活动目标，就要对不同层次教育目的和教育目标进行分析界定。

一、不同层次的教育目标

1. 幼儿园教育目标

教育目标所体现的是不同性质的教育和不同阶段的教育的价值。它是教育目的的下位概念。在教育总的目的的指导下，各级各类教育还需确定具体的培养目标。如学前教育、高等教育、职业教育等具有不同的教育目标，这些教育目标的确定也是教育目的具体化的过程。我国学前教育的教育目标具体体现在《幼儿园工作规程》和《幼儿同教育指导纲要》（试行）中。

1996 年 3 月 9 日，国家教育委员会第 25 号令发布的《幼儿园工作规程》在第一章总则第二条中指出："幼儿园的任务是：实行保育与教育相结合的原则，对幼儿实施体、智、德、美诸方面全面发展的教育，促进其身心和谐发展。幼儿园同时为家长参加工作、学习提供便利条件。"在第五条明确提出："幼儿园保育和教育的主要目标是：促进幼儿身体正常发育和机能协调发展，增强体质，培养良好的生活习惯、卫生习惯和参加体育活动的兴趣。发展幼儿智力，培养正确运用感官和运用语言交往的基本能力，增进对环境的认识，培养有益的兴趣和求知欲望，培养初步的动手能力。萌发幼儿爱家乡、爱祖国、爱集体、爱劳动、爱科学的情感，培养诚实、自信、好问、友爱、勇敢、爱护公物、克服困难、讲礼貌、守纪律等良好的品德行为和习惯，以及活泼、开朗的性格。培养幼儿初步的感受美和表现美的情趣和能力。"

2001 年颁布的《幼儿园教育指导纲要》（试行）明确规定："幼儿园教育应当贯彻国家的教育方针，坚持保育与教育相结合的原则，对幼儿实施体、智、德、美诸方面全面发展的教育，全面落实《幼儿园工作规程》所提出的保育教育目标。"

幼儿园教育目标是教育目的在幼儿园阶段的具体化，反映出幼儿园人才培养的规格和要求，对于幼儿的全面发展提出了更具体的规范，表明了在教育影响下显现出的幼儿发展变化，全面指导着幼儿园教育教学工作。

2. 各领域目标

教育目标需要通过具体的教育活动的展开得以逐步完成。在教学实践中，教学目标并不是空泛的，教学目标的确定与课程内容的选择和组织紧密地联系着，换句话说，教学目标总是以一定的课程内容为媒介，具体体现在不同的学科目标、不同的领域目标或不同的学期目标之中。它们是对教育目标的进一步具体化过程。对于幼儿园教育而言，在《幼儿园教育指导纲要》（试行）中，就把幼儿学习活动的范畴相对地划分为健康、社会、科学、语言、艺术五个领域，所以，《幼儿园教育指导纲要》（试行）所确定的各领域目标就成为幼儿园教育目标的下位概念。健康、社会、科学、语言、艺术五个领域是对幼儿园保教并重、全面发展的教育目标的具体化，也就是说，幼儿园教育目标在教育实践中具体是通过五个领域的目标逐步落实而得以实现的。

同时，《幼儿园教育指导纲要》（试行）对每个领域各方面的目标、教育要求等加以更加明确、具体的规范，每一领域都注重发展幼儿的知识、技能、能力、情感态度等各个方面。如健康领域重在增强幼儿体质，培养健康生活的态度和行为习惯。其目标具体涵盖四方面：第一，适应幼儿园的生活，情绪稳定；第二，生活、卫生习惯良好，有基本的生活自理能力；第三，有初步的安全和健康知识，知道关心和保护自己；第四，喜欢参加体育活动。此外，各领域目标是依据教育目标而制定的，对具体教学过程的展开具有指导作用。

3. 教育活动目标

教育活动目标是通过某一次或某几次教育活动所期望幼儿获得的某些发展。它是最为具体的目标，也是各教育领域目标的下位概念。教师应根据幼儿年龄特点、原有水平和能力、活动的内容和性质来确定具体的教育活动目标。如：教师设计中班科学活动“好玩的泥土”时，提出下列教育活动目标：

（1）喜欢玩泥土，萌发对泥土的兴趣；

（2）能说出泥土的特性；

（3）学会玩泥土后洗手。

这些教育活动目标具体、明确，具有可操作性，并便于检测，它直接引导着教师的教学和评价。可见，幼儿园教育活动目标体现的是一种对实践活动的价值追求，是可观察、可测量、可评价、可明确界说的，它具体指导着教育活动的进行，并通过教育活动效果的反馈不断得以调整和完善。

讨论

请比较说明幼儿园教育目标各领域目标和教育活动目标确定的途径分别是什么？

二、幼儿园教育活动目标体系

1. 幼儿园目标体系的结构框架

在教育目的的指导下《幼儿园工作规程》《幼儿园教育指导纲要》（试行）等分别提出了幼儿园保育和教育目标。以及各领域教学目标，形成了一个完整的目标体系。一般来说，幼儿园目标体系包括：幼儿园保教目标、幼儿园各领域目标、幼儿园各年龄班及学期目标、幼儿园教育活动目标等，如图 2-1 所示。

（1）幼儿园保教目标　幼儿园保教目标包含了体、智、德、美等全面发展的教育目标，它是根据幼儿身心发展规律，是教育目的在幼儿园阶段要求的具体化，是引导幼儿园教育各方面工作的纲领性要求。

幼儿园保教目标（体、智、德、美）

↓

幼儿园各领域目标（健康、语言、科学、社会、艺术）

↓

幼儿园各年龄班目标（小班、中班、大班）

↓

幼儿园各年龄班学期目标（上学期、下学期）

↓

幼儿园教育活动目标

图 2-1　幼儿园教育活动目标体系

《幼儿园工作规程》在第一章总则第五条明确提出："幼儿园保育和教育的主要目标是：促进幼儿：身体正常发育和机能协调发展，增强体质，培养良好的生活习惯、卫生习惯和参加体育活动的兴趣。发展幼儿智力，培养正确运用感官和运用语言交往的基本能力，增进对环境的认识，培养有益的兴趣和求知欲望，培养初步的动手能力。萌发幼儿爱家乡、爱祖国、爱集体、爱劳动、爱科学的情感，培养诚实、自信、好问、友爱、勇敢、爱护公物、克服困难、讲礼貌、守纪律等良好的品德行为和习惯。以及活泼、开朗的性格。培养幼儿初步地感受美和表现美的情趣和能力。"

（2）幼儿园各领域目标　幼儿园各领域目标是对保教目标的进一步具体化。从健康、科学、社会、语言和艺术五个方面提出具体的要求来实现体、智、德、美全面发展的保教目标。

《幼儿园教育指导纲要》（试行）在第二部分提出，"幼儿园教育的内容是广泛的、启蒙性的，可按照幼儿学习活动的范畴相对地划分为健康、社会、科学、语言、艺术五个方面"，并规范了各领域目标，具体目标要求为：

- 健康领域旨在增强幼儿体质，培养健康生活的态度和行为习惯。其目标包括：① 适应幼儿园的生活，情绪稳定；② 生活、卫生习惯良好，有基本的生活自理能力；③ 有初步的安全和健康知识，知道关心和保护自己；④喜欢参加体育活动。
- 社会领域旨在增强幼儿的自尊、自信，培养幼儿关心、友好的态度和行为，促进幼儿个性健康发展。其目标包括：① 喜欢参加游戏和各种有益的活动，活动中快乐、自信；② 乐意与人交往，礼貌、大方，对人友好；③ 知道对错，能按基本的社会行为规则行动；④ 乐于接受任务，努力做好力所能及的事；⑤爱父母、爱老师、爱同伴、爱家乡、爱祖国。
- 科学领域旨在激发幼儿的好奇心和探究欲望，发展认识能力。其目标包括：① 有好奇心，能发现周围环境中有趣的事情；② 喜欢观察，乐于动手动脑，乐于发现和解决问题；③ 理解生活中的简单数学关系，能用简单的分类、比较、推理等探索事物；④ 愿意与同伴共同探究，能用适应的方式表达各自的发现，并相互交流；⑤喜爱动植物，亲近大自然，关心周围的生活环境。
- 语言领域旨在提高幼儿语言交往的积极性、发展语言能力。其目标包括：① 喜欢与人谈话、交流；② 注意倾听并能理解对方的话；③ 能清楚地说出自己想说的事；

④喜欢听故事、看图书。

• 艺术领域旨在丰富幼儿的情感，培养初步的感受美、表现美的情趣和能力。其目标包括：①能初步感受环境、生活和艺术中的美；②喜欢艺术活动，能用自己喜欢的方式大胆地表现自己的感受与体验；③乐于与同伴一起娱乐、表演、创作。

（3）幼儿园各年龄班目标　由于不同年龄班幼儿的身心发展特点不同，所以，对于每一领域，各年龄班的目标要求是不同的。以“语言”为例，小、中、大班的要求分别如下。①

小班：

① 喜欢听普通话并愿意学说普通话，逐渐发准易错音。

② 能认真、安静地听别人讲话。

③ 愿意和别人交谈，能用简短、完整的语句表达自己的请求和愿望。学会礼貌用语。

④ 喜欢听老师讲述故事和朗诵儿歌，能初步理解作品的主要内容。能独立地朗诵儿歌。

⑤ 喜欢阅读，爱护图书。养成正确的看书姿势，学会按顺序看图书，逐页翻阅，能看出画面的主要变化，在成人的帮助下看懂图书的内容。

中班：

① 继续学说普通话，学会正确发出困难的、容易发错的音，尤其注意方言的干扰对正确发音的影响。

② 集中注意倾听别人说话，围绕提出的问题正确回答。

③ 乐于在集体中大胆回答问题，喜欢与人交谈。

④ 能用完整的语句连贯地讲述。

⑤ 理解故事、儿歌的内容，记住故事的主要情节。喜欢听故事、朗诵儿歌，创编、表演和复述故事与儿歌。

⑥ 喜欢看图书，能按顺序翻阅图书，理解图书的主要内容。

⑦ 对文字感兴趣，愿意学认常见的文字。

大班：

① 养成积极地运用普通话与人交流的习惯，并且能从中获得快乐的体验。

② 提高幼儿的倾听能力，能准确地理解语言内容，把握语言信息的重点和要点。

③ 发展幼儿的语言表达能力，能运用交谈、讲述、讨论等多种表达方式和表达技巧展开语言交流活动。

④ 喜欢看图书，激发初步的文字书写的兴趣，了解文字、标记与日常生活的关系。

⑤ 丰富幼儿对文学作品的了解和欣赏，能感知各种不同风格、不同体裁的文学作品的特点，并且能尝试性地运用艺术语言。

（4）幼儿园各年龄班学期目标　即使是同一年龄班，在不同的学期，各领域目标要求也有不同。以中班“科学”为例，上学期和下学期的目标如下。②

① 周兢、陈娟娟：《幼儿园活动整合课程指导》（小班、中班、大班），南京师范大学出版社，2002年。
② 周兢、陈娟娟：《幼儿园活动整合课程指导》（小班、中班、大班），南京师范大学出版社，2002年。

上学期目标：

① 喜欢探索周围常见的事物与现象，并从中体会到快乐，能有顺序、有目的地进行观察；

② 会比较事物的不同点，会按某些外部特征或某一简单规律对某些事物进行分类；

③ 能使用各种常见材料进行简单的小实验，有简单的猜想；

④ 能用多种方式与成人、同伴等分享和交流自己探索的过程和感受；

⑤ 知道季节的变化，关心、爱护自己身边的动植物，爱惜周围的环境；

⑥ 知道周围生活中如交通工具等科技产品与人们生活的关系。

下学期目标：

① 喜欢探索周围环境，乐于发现，能主动参加科学活动；

② 学习观察方法，初步学会运用多种感官观察、有顺序地观察、比较观察，学习对物体按一定的标准进行简单分类，学习用语言和绘画等方式表达自己的感受与发现；

③ 认识自然事物、自然现象和科技产品与人的关系，关心爱护动植物和周围的自然环境；

④ 对一些科学现象感兴趣，了解它们在生活中的应用和人们生活的关系；

⑤了解季节特征，引导幼儿观察周围自然事物和现象及其变化，使幼儿获得广泛的科学经验，并能在表象水平上形成初步的概念。

在具体的教学实践中，教师还要根据本班幼儿年龄特点、认知水平及本学期的要求，把不同领域的教育目标进一步分解，制定不同年龄班及不同学期的目标，才能为顺利完成教育任务奠定基础。

（5）幼儿园教育活动目标　不同年龄班及学期的某一领域的目标还要通过一系列的教育活动的设计和实施才能逐步完成，这样，不同年龄班及学期的某一领域目标还需分解并落实到一个个具体的教育活动之中。

如："熟悉幼儿园环境，能适应幼儿园集体生活"是小班上学期"社会"领域的目标之一。为实现这一目标，教师可设计如下教育活动，包括："高高兴兴上幼儿园""我的幼儿园""老师我爱你""小鸡和小鸭碰在一起""谁的队伍最整齐"等。这些教育活动的目标是不同的，但都是围绕"熟悉幼儿园环境，能适应幼儿园集体生活"来设定，更加具体、明确，具有可操作性。比如，"高高兴兴上幼儿园"这一教育活动目标为：①熟悉班上的老师和小朋友，知道老师的姓氏和一些小朋友的名字；②学习礼貌用语：您早、您好、再见；③激发幼儿高高兴兴上幼儿园的愿望。

教育活动目标是幼儿园目标体系中最为具体的目标，也是教师在教育活动中最常设定的目标，为帮助教师更加科学地制定教育活动目标，我们将在后面更加详细地分析说明。

通过分析不同层次目标要求，我们可以总结出幼儿园目标体系的特点：

- 幼儿同目标体系具有明确的层次性。幼儿园目标体系是由抽象到具体、由统一到多样，层层分解、步步落实，形成了幼儿园教育目标的阶梯式结构。这种目标体系可帮助教师既从宏观方面来把握幼儿园的目标体系及其之间的关系，又从微观方面考虑如何落实具体的教育活动目标。

● 幼儿园目标体系具有全面性和系统性。幼儿园目标体系纵横相连，构成一个相互联系的统一体。旨在实现全体幼儿全面发展的任务。从纵向联系看，各层次目标层层递进，逐步实现全体幼儿的全面发展。从横向联系看，幼儿园保教目标围绕体、智、德、美确立了全面发展教育目标，幼儿园教育确定了健康、科学、社会、语言、艺术等各领域目标，教育活动目标从认知、技能、情感态度等方面来设定，每一层次的目标都是相辅相成，相互促进，保证全体幼儿的全面发展。

● 幼儿园目标体系具有连续性和递阶性。从不同年龄班及不同学期目标看，前后目标之间具有连续性，前一个目标的实现是后一个目标的基础，后一个目标是前一个目标的继续。同时，各项目标的实现都遵循由易到难、由简到繁，递进发展，逐步提高要求，具有递阶性。如“良好生活卫生习惯的培养”，由小班的“了解基本的生活常规，学习洗手、排便等”，到中班的“用正确的方法刷牙、洗澡等”，再到大班的“了解简单的营养知识，做值日生等”，连续统一，不断递进和提高。

2. 幼儿园目标体系确立的意义

（1）适应幼儿发展的需求，体现对幼儿个别差异的尊重　《幼儿园教育指导纲要》（试行）认为：“幼儿园教育应尊重幼儿身心发展的规律和学习特点，充分关注幼儿的经验，引导幼儿在生活和活动中生动、活泼、主动地学习。”同时，“幼儿园教育应重视幼儿的个别差异，为每一个幼儿提供发挥潜能，并在已有水平上得到进一步发展的机会和条件”。因而，确立幼儿园目标体系，可以使我们更清楚地去了解幼儿身心发展的特点，遵循其发展的共同规律，科学地确定不同年龄、不同阶段、不同层次的教育目标，从而提供适宜的教育。它还有助于我们把握和了解不同幼儿发展的差异性，通过观察研究每一个幼儿发展的特点，提出更富有个性的发展目标，提供适宜于每个幼儿发展的教育。

（2）适应社会发展的需求，有助于促进幼儿全面和谐的发展　《幼儿园教育指导纲要》（试行）提出：幼儿教育应为幼儿的近期和终身发展奠定良好的素质基础。幼儿教育是启蒙教育、基础教育，同时，幼儿教育又是未来教育，是“替一个未知的世界培养未知的幼儿”，那么，幼儿教育如何为幼儿的终身发展奠定良好基础，以适应未来社会发展的需要。联合国教科文组织认为“教育必须围绕四种基本能力来重新设计、重新组织”，从而提出了教育的四大支柱，即：学会认知、学会做事、学会共同生活、学会生存。

教育的四大支柱为幼儿园目标体系的确立指明了方向。因而，幼儿教育的目标不仅仅局限于幼儿知识技能的获得，为幼儿入学做好准备，更注重幼儿良好情绪、情感，健康的生活态度，与他人相处、共同生活能力等方面的培养，这样的目标有助于使幼儿在身体、认知、情感、个性、社会性等方面和谐平衡地发展。

（3）适应教师专业发展的需要，为教师实施教育提供帮助　确定恰当的教育活动目标是教师专业发展的一个重要组成部分。目标体系的确立有助于教师在教育活动中通过观察、记录和评价幼儿，加强对教学的反思和研究能力，根据本地区、本幼儿园、本班幼儿的不同特点，确定科学、适宜的目标。而在具体的教育过程中，既要保证教育目标的连续稳定性，又要适时调整，生成新的目标要求，具有一定的灵活性。

教师是落实全面发展教育任务的具体执行者，为此，教师应有明确的目标意识，全面把握幼儿园的目标体系。幼儿园目标体系的层层分解有助于教师理解各层次目标的关系，构架由抽象、概括的保教目标到具体的教育活动目标之间的桥梁，为教师实施具体的教育活动提供帮助和指导。

三、幼儿园教育活动设计的目标取向

由于对幼儿发展、社会需求及对幼儿园教育活动的不同理解，在幼儿园教育活动目标的设计中，体现出不同的价值观，从而就会表现出不同的目标取向。概括地讲，幼儿园教育活动的目标取向主要有：行为目标、生成性目标和表现性目标。

1. 行为目标

行为目标是以幼儿具体的、可被观察的行为表述来设计目标，它指向的是通过教育活动幼儿所发生的行为变化，目标设计中关注的是可观察到的行为结果。

幼儿园教育活动有一个完整的目标体系，行为目标强调的是目标的可理解性、可把握性和可操作性，能够指导教育者具体实施教育活动并评价其教育活动效果。比如，在一个美术欣赏活动“戏剧脸谱”中，如果把活动目标设计为“幼儿能够说出戏剧脸谱的颜色、样式、表情，欣赏戏剧脸谱鲜艳的色彩和夸张的形象，能够表达自己所喜爱的戏剧脸谱”，它明示了在活动过程中幼儿将要做什么和期望的结果，这样的目标表述就比把活动目标设计为“让幼儿感受戏剧脸谱，激发对戏剧脸谱的兴趣”更有利于教师把握。

虽然行为目标对于教育活动具有指导作用，但应注意并不是行为目标越具体越好，应在目标的概括化与具体化之间寻求一个合适的“度”。同时，行为目标强调的是那些可以观察的外显的行为变化，但幼儿的发展有许多方面是难以转化为这些行为指标，所以还需考虑其他方面，对行为目标予以补充。

2. 生成性目标

生成性目标是以过程为中心，以幼儿在教室内的表现为基础展开，强调幼儿、教师与教育情境交互作用过程中所产生的目标。①

如果说行为目标关注的是结果，那么，生成性目标关注的则是过程。所以，有时又被称为过程目标、展开性目标。

生成性目标注重从幼儿获得经验的目的出发构建目标，强调幼儿主动活动的过程，关注如何为幼儿提供有助于个体自由发展的学习经验，促进其个性完善的发展。如一些教师在教育活动中提出“满足幼儿的好奇心，培养思维的灵活性”“让幼儿具有理解他人的情感，与人合作”等都是生成性目标的体现，由此我们也可看出与行为目标的具体明确相比，生成性目标具有一定的模糊性和不确定性，所以，对教师的专业素质和能力提出了较高的要求。

3. 表现性目标

表现性目标不是事先规定幼儿在完成某一学习活动后应该获得的行为，而是指向每

---

① Stenhouse. L. An Introduction to Curriculum Researech and Development. London: Heinemann Educational Book Ltd. 82, 1975.

一个幼儿在与环境的交互作用中所具有的个性化的表现，而这种个性化的表现教师是无法准确预知的，但它对于幼儿个性的充分展示和发展又是有益的。如对于一次参观“海底世界”的活动，如果从表现性目标的角度设计，教师关注的就不是“幼儿能够说出海底世界鱼的种类”，而是“讨论海底世界有趣的事情”或“表达对海底世界的喜爱”等。因而，表现性目标在一些欣赏活动、艺术创编活动或复杂的智力活动中体现得比较多，它也对教师专业素质和能力有比较高的要求。

表现性目标强调的是个性化，指向的是培养幼儿的创造性，所以，表现性目标并不预先规定幼儿的行为变化，它关注的是幼儿在复杂的教育活动中的个性化和创造性的表现，追求幼儿表现的多元化，而不是同质性。

讨论

试举例说明行为目标、生成性目标和表现性目标各自强调的侧重点。

总之，在教育活动设计中，教师可以从行为目标、生成性目标和表现性目标等不同的取向设计目标。教师对于行为目标的把握是最基本的，但不是唯一的。如果我们过分地强调行为目标，就有可能把行为目标作为一个可预先决定和操纵的机械过程，或者视作是不可变化和更改的教条，忽视活动过程中幼儿学习的主体性和教师工作的创造性，导致割裂目标与手段、结果与过程之间的有机联系。而从行为目标取向发展到生成性目标取向，再发展到表现性目标取向，体现了对幼儿的主体价值和个性培养的追求，弥补了单纯地强调行为目标的缺失。因而，我们应全面、辩证地看待行为目标、生成性目标和表现性目标的关系，根据幼儿身心发展和社会发展的需要，以及教育活动的内容和特点，科学、合理地设计教育活动目标，从而促进幼儿在知识、技能、能力、情感及个性和社会性等各方面和谐整体的发展。

四、幼儿园教育活动目标的表述

在幼儿园的目标体系中，教育活动目标是最具体的，因而是完成幼儿园教育任务、实现幼儿园保教目标的基础。同时，幼儿园教育活动目标与教师的教学联系最为密切，确定、编写科学的教育活动目标就成为教师教学技能的具体体现。因此，教师学会恰当地表述教育活动目标既是切实实现幼儿园保教目标的基本保证，也是提高教师专业技能的重要途径。

1. 幼儿园教育活动目标表述的基本要素

1962年，马杰（Mager. R. F.）在其出版的《程序教学目标的编写》一书中提出，一个教育活动目标应包括三个基本要素，即：行为、条件、标准。“行为”说明学习者通过教学以后将能做什么，以便教师能观察学习者的行为，了解目标是否达到。“条件”说明这些行为在什么条件下产生。“标准”则指出了合格行为的最低标准。关于教育活动目标的表述，教育心理学家比较一致的观点是重点应说明学习者行为或能力的变化。

教育活动目标的编写中，行为的表述是最基本的成分。在描述行为时，我们常常要运用一些动词，以往，我们在表述教育活动目标时，较多使用“理解”“掌握”“欣赏”“培养”等动词来描述学习者将达到的能力，有时还添加表示程度的状语，如“深刻理解”“充分掌握”等，以反映教学要求的提高。但这些词语的含义较广，不同的人可以有不同的理解，使得目标表述不明确。所以，在教育活动目标的表述中，行为动词的选用和表达就很重要。下面，根据教学目标的分类，我们从三个方面列举一些行为动词，供教师参考。

(1) 编写认知学习目标行为动词举例

知识 对信息的回忆	列举、说出……的名称、复述、排列、 背诵、回忆、选择、描述、辨认、标明
领会 用自己的语言解释信息	分类、叙述、解释、选择、归纳、猜测、 举例说明、区别
应用 将知识应用到新的情境	运用、计算、示范、说明、解释、 解答、改变
分析 将知识分解，找出各部分间的联系	分析、分类、比较、对照、区别、 图示、指出
综合 将各部分知识重新组合，形成新的整体	创编、设计、提出、归纳、总结
评价 根据一定标准进行判断	比较、评定、判断、证明、 说出……的价值

(2) 编写动作技能学习目标行为动词举例

知觉能力 根据环境刺激作出调节	旋转、接住、移动、踢、保持平衡
体能 基本素质的提高	有耐力、反应敏捷
技能动作 进行复杂的动作	演奏、使用、操作
有意的沟通 传递情感的动作	用动作表达感情、改变脸部表情、舞蹈

(3) 编写情感学习目标行为动词举例

接受或注意 愿意注意某事件或活动	听讲、知道、注意、接受、 赞同、选择
反应 乐意以某种方式加入，以示作出反应	陈述、回答、列举、遵守、完成、 听从、欢呼、表现、帮助、选择
评价 对现象或行为作出价值判断，表示接受	接受、承认、参加、完成、解释、 区别、判别、支持、评价
组织 将不同的价值标准组成一个体系， 并确定它们之间的相互关系	判断、使联系、比较、下定义、 讨论、确定

价值或价值体系个性化　　　　　　相信、拒绝、改变、判断、解决
具有个性化的价值体系，以指导自己的行为

2. 幼儿园教育活动目标表述的形式

幼儿园教育活动目标的表述形式多种多样。若从教育活动的主体看，主要有两种方式：表述教师的行为和表述幼儿的行为。前者从教师的行为出发，说明教师在教育活动中应做什么，如："为幼儿提供……""重点示范……动作"。后者是从幼儿的角度，表述幼儿的行为变化，由于对于幼儿的学习有不同取向的目标，所以，具体表述幼儿的学习变化又包括以下三种形式：行为目标、表现性目标、展开性目标。

（1）行为目标列出的是一系列可以观察或测量的幼儿学习行为变化的结果　如某一音乐活动的行为目标之一是："在老师的伴奏下，能够听懂前奏，齐唱歌曲"，在此"听懂""齐唱"都是可以观察的幼儿学习行为变化的结果，并清楚地表明行为的条件和具体的行为内容，非常具体、明确。

（2）表现性目标指幼儿在参与活动后所得到的各不相同的结果　它鼓励幼儿在活动中表现出某种程度上与他人不同的创造性，而不关注事先规定的幼儿行为变化结果。如语言领域活动目标"清楚连贯地谈论自己过生日的情景，表达自己愉快的心情"就是一种表现性目标的表述形式。

（3）展开性目标是用行为变化的过程来表述目标，包含了一些表示行为过程的动词，如"添画、制作一本连环画故事：书《小蝌蚪找妈妈》""即兴创编舞蹈动作，有表情地表达"等，展开性目标关注的是幼儿学习过程中各种能力和学习兴趣的培养，而不是特定的行为结果。

在幼儿同教育活动目标设计中，各种教育活动目标并不是相互对立的，不同的教育活动目标的表述形式有其各自关注的视角，三者是可以相互结合的，其中，行为目标是基础。表现性目标和展开性目标可以看做是行为目标的补充形式。教师在教育活动的设计中，可以根据需要确定表述的形式，但同时还要符合目标表述的要求。

3. 幼儿园教育活动目标表述的要求

幼儿园教育活动目标是通过本次教育活动所期望幼儿获得的某些发展，所以，应根据幼儿的年龄特点、原有水平和能力、教育活动的内容和性质，来确定具体的活动目标。在教育实践中，编写、表述教育活动目标应把握以下基本要求。

（1）要清晰、准确、可检测，不能用活动的过程或方法来取代　一个完整的目标表述包括行为、条件、标准等，其中的核心要素是行为的表述。有些教师在编写活动目标时有一种现象，就是用活动的过程或方法手段去代替行为的结果，混淆了它们之间的区别。例如：社会活动"爱老师"目标之一：引导教育幼儿通过劳动实践，与老师建立亲密关系。科学活动"坐公共汽车"目标之一：在观察、游戏的过程中，幼儿把对汽车的兴趣转化为了解汽车的好奇心。语言活动"从小讲礼貌"目标之一：引导幼儿观察图像、人物的动作，想象人物的对话。

（2）具有可操作性，避免过于笼统、概括和抽象　从幼儿园目标体系来看，从低到高，各层次目标是越来越笼统、概括、抽象，作为最具体、最底层的幼儿园教育活动目标，其特点就是具体、明确，具有可操作性，能具体指导、调控教师的教学过程。否

则，也就丧失了其作用。而在教育实践中，许多教师只是照搬照抄，把教学大纲或学年工作计划的要求当做具体某一教育活动的目标，混淆了各层次目标的要求。

例如：一位中班教师在健康领域设计了一系列活动。“喝水”活动的目标之一是：知道口渴了要接水喝，养成主动喝水的习惯。“刷牙”活动的目标之一是：学习正确的刷牙方法，养成早晚刷牙的好习惯。教师在这两个教育活动中所表述的目标就比较具体、明确，比笼统地确定“培养幼儿良好的生活卫生习惯”对教学更有指导意义。

（3）一个目标要通过多种活动实现，一个活动要指向多种目标　教育活动目标与相应的活动内容并不是一一对应的关系，换句话说，并不是一项活动只达到某一个目标；一个活动目标仅仅只能通过某一个活动来完成。幼儿园教育活动具有综合性和整体性等特点，所以，在确定教育活动目标时，教师应善于统整各个教育活动，围绕一个目标，协调各种活动为之服务，同时还应最大限度地发挥某一活动的教育功效，使得一项活动能实现多方面的教育任务。

例如：中班科学活动“水”，其中一个目标是：了解水的特性，懂得保护水资源。那么，为达到这一目标，教师就可综合各种活动，如“好玩的水”“水的用途大”“水从哪里来”等，使幼儿在不同的活动中，通过不同的教育过程和手段更加生动、全面地了解水的特性、懂得保护水资源。

大班科学活动“食品包装”，活动目标可以包括：

- 了解食品包装的种类、优点；
- 动手操作，掌握包装食品的简单技能；
- 进行初步的欣赏，设计食品包装。

这一活动的目标包含了认知获得、技能发展和艺术欣赏等不同方面，虽是科学活动，但也指向了艺术、健康等领域，促进幼儿在知识、技能、情感等方面的全面发展。

（4）从统一的角度表述目标　教育活动包含了教师的教和幼儿的学两方面的互动；那么，在表述活动目标时，我们既可以从教师的教这一角度出发确定活动目标，表述教师期望通过教育活动帮助幼儿获得的学习结果；也可以以幼儿的学为出发点，指出幼儿在学习以后应该知道的和能够做到的表现。一般，我们常用“教育”“帮助”“激发”“要求”等词语表述教师的教。用“学会”“喜欢”“说出”“创编”等词语表述幼儿的学，但是，无论从哪个角度表述活动目标，都应注意出发点要一致，即有统一的表述角度。

例如，中班绘画活动“小鸡和鸡妈妈”的活动目标有三个：

- 感受小鸡和鸡妈妈的温馨，培养孩子对父母的亲情；
- 发展幼儿的观察力和想象力；
- 画出小鸡的各种动态。

具体分析这三个活动目标，第一个的“感受……”和第三个的“画出……”是从幼儿的角度表述，而第一个的“培养……”和第二个的“发展……”又是从教师的角度表述，存在着表述过程中角度不统一的问题。

知识点 2 幼儿园教育活动设计中的内容分析

教育活动内容是实现教育活动目标的载体和对象，与教育活动目标紧密相连，所以，教师在明确教育活动目标设计的基础上，还需要对教育活动内容的含义、类别等加以详细分析，并合理编排教育活动内容，以保证教育活动目标的落实。

一、幼儿园教育活动内容的含义

教育活动内容是指一整套以教学计划的具体形式（课表和课程）存在的知识、技能、价值观念和行为。它们是根据各种社会需要为学校规定的目的和目标而设计的。按照不同教育层次、类型、年级和学科安排的这些内容是按某种教育目的制订的，是构成一个具体过程学习的对象。

幼儿园教育活动内容是指为实现教育目标，要求幼儿学习、获得的知识、技能和行为经验的总和。对于幼儿园教育活动内容的理解，可以从两方面把握，首先，内容是为目标服务的，教育目标是选择教育活动内容的依据，内容的选择和编排应以实现目标为原则，保持与目标的一致性。其次，幼儿园教育活动内容不仅仅包括学科的知识和技能，它还包括幼儿在学习过程中所形成的态度、价值观以及相应的行为方式，以保证幼儿身心的全面发展。

对幼儿园教育活动内容的分析应以教育活动目标为基础，旨在规定幼儿学习内容的范围、深度并揭示学习内容各组成部分的联系，以保证达到教学最优化的内容效度。具体来说，学习内容的范围是指幼儿必须达到的知识和能力的广度。

《幼儿园教育指导纲要》（试行）总则第二条指出：“幼儿教育是基础教育的组成部分，是学校教育和终身教育的起始阶段。幼儿教育应为幼儿的近期和终身发展奠定良好的素质基础。”这就决定了幼儿期幼儿学习内容的广度是广泛而综合的，为幼儿进一步的学习奠定良好的基础。而学习内容的深度规定了幼儿必须达到的知识深浅程度和能力的质量水平。从幼儿期幼儿认知水平发展来看，他们的思维具有具体、形象性的特点，从而决定了他们的学习内容具有粗浅性、趣味性，决定了他们的学习旨在激发其求知欲，培养正确的学习态度和良好的学习习惯，不在于掌握系统、抽象的知识概念。

《幼儿园工作规程》第二十四条也明确提出：“教育活动的内容应根据教育目的，幼儿的实际水平和兴趣，以循序渐进为原则，有计划地选择和组织。”因此，明确学习内容各组成部分之间的联系为教学顺序的安排奠定了基础，教学顺序就是把这些规定了广度和深度的知识与技能，用幼儿所理解和能接受的展开形式加以序列化。

二、幼儿园教育活动内容的类别

根据布鲁姆教育目标分类系统，把教育目标分为“认知学习领域”目标、“动作技能领域”目标和“情感态度领域”目标三个方面，相应地，教育活动内容也可分为认知的学习、情感态度的学习和动作技能的学习。

1. 认知类教育活动内容

美国教育心理学家加涅在《学习的条件》一书中。从学习的结果出发，把认知学习分为智力技能、言语信息和认知策略三类①。

（1）智力技能　智力技能是指幼儿通过学习获得了使用符号与环境相互作用的能力。这种能力又可以细分为较简单的辨别技能、形成概念、学会使用规则、高级规则的获得等。智力技能的最高形式是高级规则的获得，这与解决问题的能力有关。

（2）言语信息　言语信息是指幼儿通过学习以后。能记忆事物的名称、符号、地点、时间、定义，以及对事物的描述等具体事实，能够用语言将这些事实表述出来。言语信息的学习是幼儿获得知识、进一步学习的条件，也是幼儿智力技能培养的基础。

关于言语信息的教学。教师应注意对各种信息知识加以分类和组织，有顺序、有条理地传授。将有助于幼儿的学习和记忆。

言语信息和智力技能不同，言语信息与知道“什么”有关，而智力技能与“怎样”知道有关。言语信息的学习是从不知到知，由知之甚少到知之甚多的过程；智力技能的发展则是从简单到复杂，从低级到高级的过程。

各种智力技能的复杂程度是不同的，但它们是相互依存、层层递进的，所以，掌握较简单的智力技能是学习复杂技能的先决条件。教学中，教师应循序渐进，帮助幼儿从最简单的辨别技能开始，逐步获得其他智力技能。

（3）认知策略　认知策略是指幼儿调节自己的注意、学习、记忆和思维等内部过程的技能。

通过认知策略，幼儿可以调控自己学习的过程和解决问题的方式，可以对自己已掌握的言语信息和智力技能加以综合思考和运用，从而提出解决问题的高级规则。

认知策略并不是通过某一方面内容的学习或通过某一活动的组织，在一天、一个星期就完全学会的。认知策略的培养应在言语信息、智力技能获得的基础上进行，并且要与具体的学习内容相结合，与解决问题的技能相结合。教师在教学中，应注重创设问题情境，使幼儿在具体的解决问题的过程中，学会反思、调控自己解决问题的方式，逐步获得认知策略。

认知策略和智力技能也不同，智力技能指向于外，是人们运用符号解决问题，处理外部世界的能力；而认知策略指向于内，是人们自我控制和调节，处理内部世界的能力。

在幼儿园的科学、语言、健康、社会、艺术五个领域的教育活动中，基本都涵盖认知类的教学内容。以科学领域的教育活动为例，教师根据幼儿同教育活动目标选择并确定相应教育内容来设计一系列科学教育活动，如科学教育活动“有趣的镜子”：要求幼儿观察辨别凹面镜、凸面镜、二面镜、三面镜等，初步了解镜子成像的原理，形成初步的概念，这属于智力技能的教学内容；科学教育活动“笔”：要求幼儿掌握各种常见的

① ［美］罗伯特·M. 加涅，《学习的条件》，傅统先等译，人民教育出版社，1986 年，第 29 页。

笔的名称、功能，能够用语言描述出来，这属于言语信息的教学内容；科学教育活动“球的滚动”：创设问题情境“怎样不用力让球滚动?”“如何让球滚动的速度更快?”等，要求幼儿探索，提出解决问题的方式，这属于认知策略的教学内容。

由此我们可以看出，对某一教育活动内容的分类是根据教育活动的目标，即教育目标是选择教学内容的依据，所以，在此所列举的“笔”“有趣的镜子”“球的滚动”等教育活动内容并不是分别固定在智力技能、言语信息、认知策略三个类别上，而是根据教育活动目标的确立，教师可以对这些教育活动内容从不同角度、在不同层面上加以挖掘和处理。

2. 情感态度和动作技能类教育活动内容

情感态度和动作技能的学习往往与认知学习交织在一起。从情感态度的学习看，为激发幼儿形成某种情感态度，也需要他们了解其意义和作用，表现出相适应的行为，所以，情感态度的学习是以认知学习和动作技能的学习为基础的。从动作技能学习看，不仅仅是获得一些简单的外显反应，而且还要掌握关于某一动作技能的相关知识，如功用、动作要领、注意事项等，在此基础上，不断由简单到复杂加以训练、协调，才能较好地掌握动作技能。

情感态度类的学习内容与认知学习和动作技能的学习密不可分，渗透在幼儿园的各种教育活动之中，比如，幼儿园社会活动“我是中国人”，其中不仅有让幼儿知道中国人的外貌特征，中国在地图上的位置，中国的人口、民族、汉字等认知类的学习内容；同时在学习的过程中也包含激发幼儿作为中国人的自豪感，初步培养幼儿的爱国主义情感等情感态度类的教育内容。再如，幼儿园美术欣赏活动“贺年卡”，根据教育活动目标，一方面使幼儿了解贺年卡的来历、作用，欣赏各种贺年卡的样式；另一方面，让幼儿自己设计制作贺年卡，写上祝福的话，这个活动涵盖了认知类、情感态度类、动作技能类三类教育活动内容，三者有机联系，促进幼儿的全面发展。

动作技能类的教育活动内容在幼儿园的体育活动和韵律（或舞蹈）活动中表现得最为充分，比如，为学习两臂侧平举闭目自转和单脚站立，发展幼儿的平衡能力，教师设计“小小飞行员”，在“学做小小飞行员”“驾驶飞机”的过程中练习这些基本的动作技能；教师选择“乌龟赛跑”的活动内容，让幼儿练习手脚着地屈膝爬行；教师编排舞蹈“葡萄丰收”，在幼儿学跳舞蹈的过程中，进一步巩固垫步，并从“臂测”过渡到“目测”的方法学会“S”形穿插的队形变换等。教师根据一定的教育活动目标和幼儿的年龄特点，设计编排这些活动内容，使幼儿能逐步掌握动作要领，培养各种动作技能。

总之，认知学习、动作技能的学习和情感态度的学习并不是孤立的，而是相互联系、相辅相成的。教育活动中，教师一方面要学会分析不同学习内容的特点，还要明确它们之间的关系，以全面完成各项教学任务，使幼儿在知识、技能、情感、态度等各方面都能获得发展。

三、幼儿园教育活动内容的编排

教育活动内容的编排是对已选定的学习内容进行组织安排，使它具有一定的系统性或整体性。近几十年来，关于教育活动内容的组织编排有各种不同的观点和主张，比较有影响的有三种观点。

1. 加涅的直线编排教育活动内容的主张

加涅从学习层级论的观点出发，把教育活动内容转化为一系列习得能力目标，然后按这些目标之间的心理学关系，即从较简单的辨别技能的学习到复杂的问题解决技能的学习，把全部教育活动内容按等级排列。

幼儿园数学教育的活动内容基本是以直线编排的形式组织的，一般分为数、量、形、时空、感知集合与分类等，在编排“认识几何形体”教育活动内容时，不同年龄班有着不同的教学内容和要求。

小班的活动内容和要求是：

- 认识区分圆形、三角形和正方形；
- 能用圆形、三角形和正方形进行组合拼搭。

中班的活动内容和要求是：

- 认识长方形、椭圆形和梯形；
- 能按平面图形角和边的数量正确区分、辨认不同的图形；
- 初步理解平面图形之间的简单关系；
- 六种平面图形进行组合拼搭。

大班的活动内容和要求是：

- 认识区分球体、正方体、长方体和圆柱体；
- 寻找、区分、理解平面图形和立体图形间的关系；
- 学习几何图形的二等份和四等份，知道整体和部分间的分合关系。

从小班、中班到大班的教育活动内容和要求，我们可以非常清晰地看出活动内容编排由简入繁、直线上升、逐步提高的趋势。

2. 奥苏贝尔的渐进分化和综合贯通教育内容的主张

渐进分化是指该学科的最一般和最概括的观念应首先呈现，然后按细节和具体性逐渐分化。综合贯通则是强调学科的整体性。奥苏贝尔认为渐进分化和综合贯通是相互联系、辩证统一的。

目前，一些幼儿园对传统的分科教学进行改革，提出了“幼儿园综合主题课程”“幼儿园活动整合课程”等，在这些课程模式中，许多教育活动内容的编排就体现了奥苏贝尔的主张。

例如，在“幼儿园活动整合课程”中，小班下学期安排了“扮家家”的课程单元，具体包括：“最喜欢和家人在一起”“亲密家人大集合”“我家有几口”“我家的房间”“假如我是爸爸妈妈”“小客人”“家庭剧场”“爱的礼物”等24个教育活动。到了中班下学期，安排了“我家和我家附近的”这一课程单元，具体包括：“我家在这里”“上幼儿园途中”“发现公园”“照片拼图”“好邻居”“兔子先生去散步”“公园写生记”等24个教育活动。在此，从纵向看体现了渐进分化，使幼儿对家及周围环境的认识逐步分化和扩展；而从横向看体现了综合贯通，围绕每一个课程单元，设计了24个教育活动，通过语言、科学、艺术、数学等不同活动，帮助幼儿掌握有关家和周围环境的人、物品、标志、设施、环境等方面的知识，培养幼儿热爱家人、与社区其他人员友好相处等良好的情绪体验，纵横相连，形成一个整体，以全面完成幼儿园教育任务。

3. 布鲁姆的螺旋式编排教育活动内容的主张

布鲁姆提出应根据学生的智力发展水平，让学生尽早有机会在不同程度上去接触和掌握某门学科的基本结构，以后，随着学生在智力上的成熟，围绕基本结构不断加深内容，使学生对学科有更深刻和有意义的理解。

幼儿园教育活动内容非常丰富，包含动物、植物、常见自然现象、社会生活等方方面面，并渗透在各年龄班幼儿的教育活动之中，教师就可以采取螺旋式编排这些活动内容。

例如，幼儿园的科学教育中，各年龄班都有“认识四季”这样的活动内容，以帮助幼儿形成初步的有关四季特征及季节更替的知识概念。按照螺旋式编排的思路，小班幼儿“认识四季”的活动内容可以安排“宝宝不怕冷”“大风和秋叶”等，使小班幼儿初步感受四季的明显特征；中班幼儿的活动内容则可以安排“云彩和风儿”“美丽的菊花”等，使幼儿对不同季节的特征、不同季节动植物的生长等有更进一步的认识；而到了大班，其活动内容则更深化，可以安排“四季妈妈的四个娃娃”“动物怎样过冬”等活动内容，由此我们看到，围绕“认识四季”这一活动内容，各年龄班具体的活动内容和要求呈现螺旋式上升的态势，从而使幼儿对于四季的认识和有关概念的形成逐步加深和拓展。

知识点 3 幼儿园教育活动内容的选择与设置

幼儿园教育活动目标是促进幼儿在身体、认知、情感、个性和社会性等方面获得全面发展。为达成教育目标，所涉及的教育活动内容是纷繁多样的，为此，教师就应兼顾幼儿、社会和知识逻辑等各方面的因素，对教育活动内容加以选择，并恰当设置，使幼儿获得丰富的知识经验，促进幼儿身心的和谐发展。

一、幼儿园教育活动内容的选择

教育活动内容的选择是一项复杂的工作，选择的依据要考虑多重因素，兼顾社会发展、幼儿园工作、幼儿、家长等各方面的需要，以保证活动内容的科学性和适切性。

1. 幼儿园教育活动内容的范围

《幼儿园教育指导纲要》（试行）提出按照幼儿学习活动的范畴把幼儿园教育内容相对划分为健康、社会、科学、语言、艺术五个方面，并强调各方面的内容都应发展幼儿的知识、技能、能力、情感态度等。

（1）健康领域的教育内容范围

●基本动作发展，包括：走、跑、跳、钻、爬、攀登等，发展动作的协调性、灵活性。

●生活卫生习惯的培养，包括：养成良好的饮食、睡眠、盥洗、排泄等个人生活卫生习惯和爱护公共卫生的习惯。

●良好情绪和参加体育活动的兴趣，包括：体验幼儿园生活的愉快，形成良好的师生、同伴关系，有安全感、信赖感；喜欢参加户外体育锻炼，提高对环境的适应能力。

●自我保护能力和自理能力，包括：安全、保健等方面的教育；学习自我服务技能。

（2）社会领域的教育内容范围

●爱老师、爱朋友，包括：教给必要的交往技能，学会和睦相处；体验和同伴共处的乐趣。

●爱幼儿园、爱家庭、爱家乡、爱祖国，包括：认识幼儿园环境；了解家乡的特产、名胜古迹等；认识国旗、国徽、国歌，知道台湾、香港、澳门是祖国的领土等。

●爱集体，遵守幼儿园各种学习、生活、游戏规则。

●爱人民，包括：接触和认识与幼儿生活关系密切的不同职业的成人，培养幼儿尊重不同职业人们的劳动；认识少数民族，知道我国是个多民族的国家。

●良好个性的培养，包括：形成良好的自我意识；培养自尊心、自信心，勇敢、克服困难、讲文明、有礼貌等良好品格和自主、自理的能力。

（3）科学领域的教育内容范围

●认识自然环境，包括：认识四季特征，沙、石、风、云、雨、冰、空气等自然现象，以及季节气候的变化与人类、动植物生长的关系；动物的特征、繁殖方式、生活习性及与环境的关系；植物的特征、结构、生长条件和规律及与环境的依存关系。

●认识常见物品和材料及身体器官，包括：常见物品和材料的特性、功能；认识常见的交通工具；认识身体器官的功能等。

●认识常见的科学现象，包括：声、光、电、磁、力、弹性、天文、颜色的变化等科学现象及其在人们生活中的作用。

●探索发现，包括：提供观察、操作、试验的机会，支持、鼓励幼儿动手动脑大胆探索，激发幼儿的好奇心和认识兴趣。

●形成初步的数学概念，包括：数、量、形、时间、空间关系，发现生活中的数学；理解基本的数学概念，发展思维能力。

（4）语言领域教育内容范围

●学习说普通话，包括：听懂普通话；正确发音，自觉用普通话交流；少数民族地区学习本民族语言。

●语言交往能力，包括：学会倾听，敢于与人交谈、在集体中回答问题；讲话的语气、语调、面部表情、体态语适当，有良好的语言表达习惯；逐步掌握讲述、谈话、讨论、辩论等多种语言交流形式。

●早期阅读，包括：有正确的看书姿势和翻阅图书的技能；能讲述图书的主要内容；认读常见的文字、标记；培养早期阅读和早期书写技能；爱护图书。

●日常生活中渗透语言教育，包括：按成人要求完成任务，运用礼貌语与人交谈；清楚表达自己的愿望、要求，回答问题，处理问题；主动学习语言，恰当运用新学到的词句。

●学习文学作品，包括：学习故事、儿歌、散文等幼儿文学作品，参与表演活动，学习续编、改编、创编、仿编故事、儿歌等。

(5) 艺术领域教育内容范围　艺术领域教育内容包括美术和音乐两方面

①美术方面。

●绘画，包括：学会使用各种绘画工具，掌握作画姿势；认识和使用各种颜色；学习用点、线、各种基本图形和涂染等方法，及用涂色、添画、手指画、棉签画、命题画、意愿画等形式表现物体；学习纹样装饰；学习中国画。

●美术欣赏，包括：欣赏自己、同伴的作品；欣赏著名画家的美术作品；欣赏民间工艺品、建筑物等。

●手工，包括：纸工方面，学习撕纸、折纸、剪纸、染纸、粘贴等基本方法；泥工方面，学习团圆、压扁、搓、捏、抻拉、黏接等泥工技法；手工制作方面，学习用废旧材料、自然物品等自制玩具、装饰环境；养成爱清洁、讲卫生、有条理、按顺序的活动习惯。

②音乐方面。

●唱歌，包括：学唱不同性质、不同节拍的歌曲，体会歌曲的强、弱、快、慢及情绪变化；学习有表情地轮唱、领唱、对唱、独唱、表演唱等。

●韵律、舞蹈、音乐游戏，包括：学习简单的韵律动作；可随音乐伴奏玩音乐游戏；掌握简单的舞蹈动作，学习舞蹈组合。

●打击乐器，包括：认识常见的打击乐器，掌握正确的敲击方法；学习齐奏、轮奏及给乐曲伴奏；初步学会看谱表演奏。

●音乐欣赏，包括：欣赏中外名曲、舞蹈表演，感受速度、节奏、强弱的变化，用面部表情和动作表现自己所感受到的音乐形象。

●识谱，初步了解五线谱的基础知识。

2. 幼儿园教育活动内容选择的原则

(1) 能符合幼儿的年龄特征，配合幼儿的生活经验和认知水平　《幼儿园教育活动指导纲要》(试行) 第三部分第四条提出：教育内容的选择应该“既符合幼儿的兴趣和现有经验，又有助于形成符合教育目标的新经验；既贴近幼儿的生活，又有助于拓展幼儿的经验；既体现内容的丰富性、时代性，又注重幼儿学习的必要性、妥当性以及与小学教育的衔接”。这些原则要求都是围绕幼儿的生活经验而提出的，所以，幼儿园教育活动内容的选择必须以幼儿的生活经验为基准，遵循各年龄段幼儿在认知、情感态度、能力、个性和社会性发展方面的一般规律，提出既与幼儿原有经验相适宜，又有利于幼儿主动建构的活动内容范围和处在幼儿“最近发展区”的内容难易程度。同时，协调好社会生活经验与幼儿个体生活经验之间的矛盾，以及学科逻辑与幼儿心理发展逻辑之间的矛盾。

例如，教育活动设计中安排“我是中国人”的主题内容，就是考虑到在幼儿的生活经验中有中秋、重阳、元宵等许多富有民族文化特色的节日，他们能够在周围环境的影响下获得大量的直接经验，能够体验到节日的热闹气氛，可以在相关的主题活动中获得有关国家、地域、民族等比较抽象的概念。

（2）能引发和满足幼儿的兴趣和需要　幼儿的年龄特征决定了兴趣是直接支配他们学习的最大内在动力，有了兴趣，幼儿就有了主动参与活动的愿望和积极的态度。因此，幼儿的兴趣和需要是选择教育内容不可忽视的因素。《幼儿园教育指导纲要》（试行）中提出："善于发现幼儿感兴趣的事物、游戏和偶发事件中所隐含的教育价值，把握时机，积极引导。"首先，教师可通过观察幼儿，及时捕捉幼儿的兴趣点所在，从幼儿感兴趣的事物中生成教育活动的内容和材料；其次，教师也可以预设一些既有利于幼儿发展需要，又是幼儿感兴趣的活动内容。如给小班幼儿选择各种玩色彩的活动内容，既能让幼儿感受色彩美，萌发幼儿对美的体验，同时其活动形式又是深受幼儿喜爱的；再次，对一些对促进幼儿发展确有价值但难以直接引发幼儿兴趣的活动内容，教师应考虑采用幼儿感兴趣的活动方式，引导他们积极、主动地参与活动。

（3）能反映时代发展特征，有利于幼儿的后续学习和长远发展　幼儿教育是面向未来的奠基教育，从幼儿终身学习和发展的角度而言，幼儿园教育与以后的学校教育之间需要衔接。因此，从教育活动内容的选取来看，首先，教育活动内容必须能反映当代社会文化的发展进步，反映最新的科学技术成果，体现时代性，由此才能符合教育目标的要求，为培养未来社会所需要的人才奠定基础；其次，教育活动内容本身也要能够从反映事物发展的内在规律性和幼儿身心发展的阶段性、连续性出发，体现出教育内容在知识经验之间的固有逻辑性上的衔接，由浅入深、由易到难、由具体到抽象、由较简单的先决技能到复杂技能的序列，排成一个有层次或有关联的系统，使当前的学习为其后续的学习提供基础，成为后续学习的"认知固定点"，以循序渐进为原则，为幼儿今后的学习、成长和发展奠定良好的基础。

（4）能对应和覆盖教育活动的目标要求　教育内容是教育目标实现的有效载体，因此，教育活动目标是教育活动内容选择的一项重要依据，内容的选择与编排必须与教育活动目标相对应。具体说来，能对应和有效实现教育目标的内容应当是"有助于幼儿获得基础知识和基本技能的内容""有助于发展幼儿认知能力和积极情感态度的内容""有助于幼儿掌握有效学习方式和社会性交往的内容"。

如大班"认识十二生肖"的教育活动，有三项教育目标：

- 让幼儿了解十二生肖，培养对生肖知识的兴趣，激发民族自尊心；
- 发展幼儿绘画、制作的技能技巧；
- 训练幼儿思维的敏捷性。

为了使教育内容对应和覆盖教育目标，就需根据大班幼儿的水平选择如下一些内容开展活动：

- 讲述关于十二生肖的故事并进行启发提问；
- 布置"生肖角"——生肖挂历、生肖邮票、生肖糖纸、生肖工艺品等，并组织观赏，认识同类事物的不同形态；
- 制作"生肖游戏卡"；

●绘制“生肖邮票”；

●对幼儿组织集体谈话，加深对属相的认识；

●举行“生肖知识问答竞赛”等，从上述几方面的活动内容和材料安排来看，不仅能与目标相对应，覆盖目标，且内容丰富而形式活泼。

（5）能体现科学精神与人文精神的融合　幼儿园教育活动内容的选定，应当提倡科学精神和人文精神的融合。所谓科学精神，是指对活动内容的认知因素的关注，追求思考怎样的内容是为幼儿的认知发展所需要的；所谓人文精神是指对活动内容的人文因素的关注，即思考活动的内容是否根植于幼儿的日常生活和兴趣，能激发幼儿自主自发的活动参与热情等。因此，教育活动内容的选择既要为培养幼儿具有健全的头脑和发达的理性服务，又要为培养幼儿具有丰富的感性体验和生活热情服务，使幼儿能关心活动内容中所蕴涵的主观、个体、非逻辑、想象的成分，并与客观、社会、逻辑、思辨相对应、相结合，使科学精神和人文精神成为一个整体。

讨论

有人说，幼儿学习除了理解上有难易之分，对信息的吸纳简单和复杂是一样的，对吗？

（6）能考虑季节、节日以及周边环境资源等因素　在幼儿园教育活动内容的选择和安排中，还必须考虑到季节、节日、资源等其他一些因素。如四月春季特征明显，可适时创设良好的环境条件，认识桃花，进行春游等活动；而到了十月一日国庆节，则可举行升旗仪式，学习制作国旗等活动。同时，在内容的选定上还要按照本地区、本园、本班的具体情况灵活安排，重视教育活动内容与周围社会生活的联系，善于从所在地区的自然环境、历史背景、社会设施及资源中挖掘与选择教育活动内容和材料，体现地方性、乡土性。如每年的九月是新生入园，六月是大班幼儿毕业升入小学的时期，那么，在这些日子开展“我爱幼儿园”“我升班了”“我是小学生”等主题活动内容将是适宜的；再如有的幼儿园地处市中心城区，幼儿有许多机会接触各种类似艺术节、旅游节等节庆活动，就可以利用周边的环境资源开展“幼儿园的旅游节”“逛逛城隍庙”等主题内容的活动，既贴近幼儿生活，又有利于取得活动实效。

3. 幼儿园教育活动内容的特点

通过对幼儿园各领域的教育内容分析，我们可总结出幼儿园教育活动内容具有如下特点：

（1）幼儿园教育活动内容具有生活性和生成性　《幼儿园教育指导纲要》（试行）指出：“教育活动内容的组织应充分考虑幼儿的学习方式和特点，注重综合性、趣味性，寓教育于生活、游戏之中。”与中小学教育不同，幼儿的学习侧重感性经验、直接经验的积累，他们是通过游戏、观察、操作在一日生活的活动之中获得各方面发展的，具有突出的生活性。同时，在丰富的社会生活之中，幼儿在亲身接触认识各种事物，形成已有知识经验的基础上，也在不断拓展其认识范围，生成新的、超出原有教育内容的知识经验。所以幼儿园教育内容不是静止的、一成不变的，而是灵活、动态、可生成的。

（2）幼儿园教育活动内容具有广泛性和启蒙性　幼儿园教育的内容是广泛的，涉及幼儿所接触的自然环境、社会环境、文学艺术等方方面面，具有广泛性、丰富性；但从幼儿的认识水平和幼儿阶段的教育任务看，这些教育内容又是粗浅的，具有启蒙性，教育过程中，并不强调教育内容的系统性和抽象逻辑性。例如，幼儿园阶段，幼儿所学习的故事、儿歌、散文等文学作品，体裁丰富、浅显易懂、富有童趣，在学习过程中只是让幼儿初步感知文学作品的语言和结构；再如，幼儿园的数学活动虽然包含数、量、形各方面内容，但各方面都是粗浅的，幼儿只学习 10 以内数的加减运算，初步掌握最基本的平面图形和立体图形等。因而，教师要根据幼儿园教育任务和幼儿的年龄特点，选择适合于幼儿身心发展特点的教育活动内容，创设丰富的环境，提供条件和机会，帮助幼儿初步认识周围的环境，从而激发他们的探求欲望，形成良好的学习态度和习惯，为进一步学习打下坚实的基础。

（3）幼儿园教育活动内容具有综合性和整体性　虽然幼儿园教育内容相对分为五个领域，不同领域又包含自身不同的内容，但这些内容是相互联系的，构成一个完整的统一整体。同时，幼儿的学习也是综合的，幼儿在进行某 ·领域，如“语言”领域的学习时，并不只是学会讲故事、说儿歌，而且也获得了其他领域，如艺术、社会、科学领域的知识经验。另外，即使是在某一领域内，也包含着认知类、情感态度类和动作技能类的学习内容，促进幼儿在知识、技能、情感、社会性等各方面得到发展。以科学领域的教育活动内容为例，包括认识常见的自然形象及其与人类、动植物的关系；认识周围的物质世界及其相互关系，以及关心、爱护周围环境的态度、行为和方法；认识日常生活中常见的科技产品及其对人类的影响；认识人体的奥秘及其保护，活动内容具有较强的整体性。

鉴于此，《幼儿园教育指导纲要》（试行）特别强调“在教育过程中应依据幼儿已有经验和学习的兴趣与特点，灵活、综合地组织和安排各方面的教育内容，使幼儿获得相对完整的经验”。

幼儿园教育活动内容来源于日常生活，与幼儿的生活经验紧密相关，如：“秋天的图画”“生活中的数字”“社区地图”“乌龟一家”等活动内容尊重幼儿已有的生活经验，易于激发幼儿的学习兴趣。同时，社会生活不断发生变化，幼儿关于周围生活的知识经验也在随之丰富和更新，所以，幼儿园教育活动内容是不断变化和生成的，如，“克隆专家”“滑稽奥林匹克”“神六上天”“网络高手”等反映社会日新月异变化的事件和现象又成为幼儿感兴趣的新的教育活动内容，即使在已有的教育活动内容中，根据幼儿的学习兴趣和认知特点，也可以对这些活动内容进行新的挖掘和生成，以满足幼儿不断生成的、新的学习需要。

二、幼儿园教育活动内容的设置

作为以促进幼儿发展为过程的幼儿园教育活动，活动内容的选定和设置是影响教育活动效果和幼儿发展的重要因素之一，因此，关于教育活动内容的设置和编排也就成为教育实践者和教师工作的核心任务之一。由于当前的幼儿园课程和教育活动已经打破了原有的学科逻辑结构，呈现以学科及领域整合为特色的主题框架结构，在此，对于教育活动内容的设置和编排也将以主题线索的教育活动为训练的前提。

1. 从经验入手

作为一个主动的学习者，幼儿是在与周围环境相互作用的过程中获得经验的，幼儿的学习也离不开他们的经验基础。因此，教育活动内容的设置和编选也必须考虑到以幼儿的经验为基点，所设定的活动内容应贴近他们的生活经验范围，只有来自于幼儿生活经验的内容才能引发他们的探究兴趣，符合他们的认知水平，唤起他们的表达、表现欲望，进而获得可能的发展。

下面以幼儿园“神奇的动物”（中班）教育活动内容的编排为例加以具体分析说明。

活动名称：神奇的动物（中班）

设计意图：

4~5岁是幼儿想象力发展比较迅速的时期，他们好奇、好问、好幻想，所以，对幼儿进行想象力的训练是很有必要的。想象力是创造力的基础，具有创造精神的人才是未来社会需要的人。由此，我们产生了让中班幼儿通过想象，创造出一种新型动物的想法，此活动是通过引导幼儿观察分析世界上并不存在的动物“龙”，发现它与真实动物的区别，让幼儿学习一点最简单的想象方法。通过这种途径，激发幼儿的想象力，鼓励他们敢于打破常规性模式进行创造性思维。

活动目标：

（1）体验创造想象的快乐。

（2）初步尝试将某些动物的部分特征进行组合，想象出一种新的奇特的动物。

（3）发展幼儿的观察能力和想象能力。

活动准备：

（1）龙的图片、十二生肖的头饰。

（2）动物的外形特征、生存环境、食性等粗浅的知识。

（3）活动区中投放动物吃的“食物”；动物身体局部的小图片；各种手工制作的材料；有关龙和动物的图书及资料。

活动过程：

（1）游戏导入

1）游戏：十二生肖找食吃。幼儿任意选择十二生肖，寻找它们各自爱吃的食物。

2）讨论：龙找到吃的东西了吗？它为什么找不着呢？由此引出龙的话题。

（2）发现“龙”的小秘密

1）谈话：你喜欢“龙”吗？你在梦里见到过龙吗？龙是一种真实的动物还是人们想象出来的？

2）观察龙的图片，引导幼儿发现龙身上的小秘密：从它的身体、头、尾巴、爪子等上面发现了什么小秘密？

3）了解龙的传说，进一步了解龙是中华民族的象征，具有神奇的力量。

4）师幼共同小结：龙是由一些动物的局部组合而成的，是由中国古代人用蛇、鱼、鹿、马、鹰等多种动物组合而成的。

（3）幼儿尝试想象神奇的动物

1）想一想：教师出示动物的局部，如一个老虎头，请幼儿讨论，看看谁能通过想象将其变成一个与老虎不同，但又有超凡能力的神奇动物。

2）做一做：教师提供美工用品和许多动物的局部图片，如动物的头部、躯干、四肢、耳朵、翅膀、尾巴等，幼儿可以用拼图、绘画、剪贴、泥工等形式，创造出现实生活中没有的、自己想象出来的神奇动物。

3）讲一讲：教师与幼儿之间、幼儿与幼儿之间互相欣赏作品，讲一讲自创的动物有什么神奇的功能，将生活在哪里，喜欢吃什么等。给自己的动物起一个有趣的名字，与同伴和教师分享成功的快乐。

延伸活动：

（1）在活动区装饰和美化神奇的动物。

（2）鼓励幼儿为自己创作的动物编故事。

（3）创办一个神奇的动物园，请其他班级的小朋友来参观神奇的动物。

以上这一教育活动设计案例从目标的定位来看，着重于鼓励幼儿的大胆想象和创造，并体验其中的快乐。教育目标的达成需要有与之相契合的教育内容材料。这个活动中，教师设置的是一个由龙引出的“神奇的动物”的教育活动内容，从内容的设定上能够很好地看出教师是以幼儿的经验为活动起点的。这种经验起点既包括幼儿在认知水平和学习动机水平上的已有经验，也包括幼儿在社会文化背景和日常生活中的已有经验。正是教师准确把握到了这一年龄阶段幼儿的经验基础，才能够借助于一定的游戏活动情景和组织形式，以保证和实现活动的目标，进而有效促进幼儿的发展。

2. 从兴趣入手

后现代主义学者多尔指出：“课程成为一种过程——不是传递所知道的，而是探索所不知道的知识的过程；而且通过探索师生共同‘清扫疆界’，从而既转变疆界也转变自己。”可见，幼儿园教育活动由于幼儿、情境以及师幼互动交往的动态使得活动过程充满了变化的因素，充满了无法预知的衍生性和创造性，因此，教育活动从本质上说是动态地发展变化的，它是根据幼儿的兴趣需要而设置的，生成性是教育活动的本质价值，而幼儿的兴趣正是生成的前提和基础。

值得一提的是，在幼儿园教育活动设计中，兴趣既是活动的驱动力也是出发点，从幼儿的兴趣入手设计活动已经成为教师们熟记于心的一条原则，但是，实际情况却并不完全乐观。在幼儿园所见到的教育活动中，不乏“虚构兴趣”的存在，即兴趣或成为活动开始时的一种点缀；或沦为教师利用的教学手段和幼儿即时娱乐的工具；或为满足于单纯的情感需要。需要谨记的是，兴趣应当是在活动设计之初就已深思熟虑的，不仅包括活动内容也包括活动过程都能够维持幼儿的兴趣，而兴趣的出发点和立足点都应当是幼儿自身的发展。

如果说从教材入手设计和编选教育活动内容更多体现的是教育活动的预设性，那么，从幼儿的兴趣入手设计和编选教育活动内容则更多体现的是教育活动的生成性。从生成的理念出发，教师在教育活动内容的设定中应当以幼儿的兴趣为活动生成的出发点，以幼儿感兴趣的活动主题带动和引导幼儿的发展。如幼儿园请来了皮影剧团，表演过后，孩子们对皮影产生了浓厚的兴趣，纷纷围着老师问这问那，表现了想自己尝试演一演皮影戏的强烈愿望。教师发现后，根据孩子们的兴趣点及时地生成了一次以“做皮影，演皮影”为内容的教育活动。孩子们和老师一起查找相关资料，准备相应材料，他们分成自由意愿报名的若干个小组（灯光组、道具组、舞台组、配音组等），在共同的分工和协作活动中，孩子们的兴趣得到了满足，体会到了成功和合作的乐趣，也发展了他们协作、交往和动手等方面的能力。

3. 从联系入手

在设计和安排教育活动内容时，从联系入手包括两层含义：一方面，是指须关注活动内容中所涉及的概念之间纵向发展的联系，确保由已知到未知，由整体到部分，由一般到个别，不断分化。一般来说。从已知的、较一般的整体中分化出细节，要比从已知的细节中概括整体容易些，学习内容的编排如果从那些最一般、最具有包容性的概念入手，它们往往能在多样的学习情境中为幼儿的认知结构提供固定点，帮助幼儿进行类属学习，即把新知识归属于认知结构的某一适当部位。并使之相互联系。另一方面，是指注意教育活动内容之间的横向联系，从横向方面加强活动内容所涉及的相关概念之间的联系，以及知识、技能、情感各部分内容之间的协调衔接，以促进幼儿融会贯通去学习，并保证幼儿的协调发展。

讨论

幼儿园教育活动内容设置的四个方面是绝然分开的吗？试举一例说明。

下面以幼儿园“交通工具”教育活动内容的编排为例加以具体分析说明。一般幼儿园关于“交通工具”的活动内容大体包括两个方面：认识陆地交通工具、认识水上交通工具、认识空中交通工具，如图 2-2 所示。由于幼儿期幼儿思维处于具体形象思维向逻辑思维过渡的发展阶段，他们对事物的认识往往比较粗浅、表面，所以，教师在编排“交通工具”的活动内容时是从整体到部分、从一般到个别，逐步分化，使幼儿首先初步了解交通工具，知道交通工具有陆地的、水上的、空中的等，在此基础上，进一步细化掌握幼儿所熟知的陆地交通工具——轿车，建立起有关交通工具的知识网络。同时，在幼儿学习的过程中，教师安排的活动内容还要遵循由易到难、由浅入深的原则，如在认识某一交通工具时，一般是按照这样的顺序，即名称、外形、结构、动力、功能等，使幼儿所掌握的知识是循序渐进、层层递进的，在此，教师为幼儿提供的是一个有层次、有关联的知识系统，使前一部分的学习为后一部分的学习提供基础。在学习交通工具的过程中，教师还可以启发引导幼儿比较不同的交通工具，加强知识间的联系，教师可以通过观察、谈话、设计、举办轿车展览会等多种形式，发挥各种教育活动的优势，加强活动间的横向联系。同时，通过认识“交通工具”教育活动内容，不仅使幼儿获得有关交通工具的基本知识技能，还可通过各种不同形式的活动保证促进幼儿的动手操作能力、观察力、思维力、创造能力、语言表达能力等方面的协调发展。

4. 从教材入手

教材文本是课程转化为教育活动的中介，一般来说，教材也是教师选定教育活动内

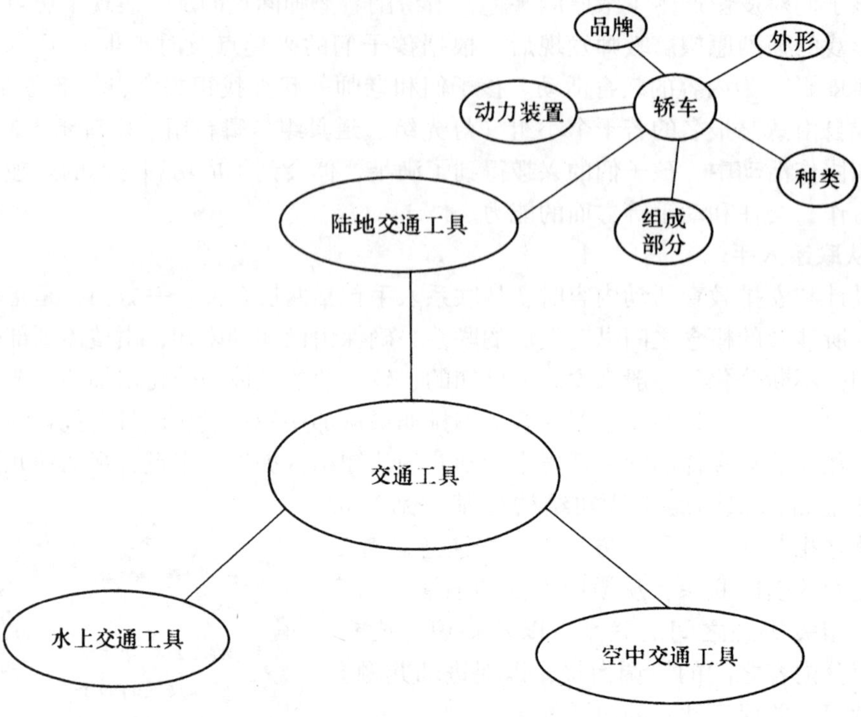

图 2-2 幼儿掌握交通工具——轿车示意图

容的主要依据之一。幼儿园教材虽然种类不同，但无论何种教材一般都能够显示出其为教师设计和选定教育活动内容的指南和服务功能。教材能够提供给教师一个内容范围以及教育活动的具体内容，提供给教师不同的主题素材和活动提示，但教师要把它真正变为适合幼儿需要、促进幼儿发展的活动内容，还需要教师的再次筛选、加工和设计。因此，从教材内容的呈现来看，还是需要教师通过自己的“工作”将教材内容所蕴涵的意义、背景和内在关系转变为幼儿的学习需要和学习过程。

教师从教材入手进行教育活动内容的选择和设定应注意以下两点：

（1）对一个活动内容或作品素材尽量从不同的层面进行挖掘和内容设计　如在小班的“娃娃家”主题中，教材提供了一个儿歌作品的素材（布娃娃，布娃娃，大大的眼睛黑头发，我来抱抱你，做你的好妈妈），教师设计活动内容时，不仅应当挖掘儿歌作品本身在语言方面的价值，而且应当从作品所能蕴涵的在积极情感体验和人际交往方面的价值出发综合设计相应的教育活动内容。

（2）从幼儿的视角出发，分析教材内容所蕴涵的核心经验，从而设计出为幼儿所需要的活动内容　教师在设计和选定教育活动内容时，不能仅从学科领域发展的要求和知识点出发，而应当从幼儿的已有经验基础以及幼儿是如何与周围环境中的人、事、物交流的特点出发，以幼儿的视角来选定教育活动内容，如教育活动“有营养的水果”，若从成人的角度出发，活动的内容设置重点就会安排在认识各种水果以及它们各自的营养价值上；如果从幼儿的角度出发，教师就可能会把重点安排在“买水果”或“制作水果拼盘”等方面，因为这样的内容更能体现幼儿的兴趣。

综上所述，教材为教育活动内容的设置编排提供了多种可能性，但是教材是一个“死”的文本，而教育活动是一个“活”的过程，是由不同的对象在不同的时空条件和不同的情境下生成的动态的活动，有很多差异性和不确定性。因此，教师从教材入手来编排教育活动内容就需要根据特定的情况、特定的背景、特定的资源、特定的幼儿和教师做特定的设计和选编。

每章一练

1. 在谈到目标和内容之间的关系时，人们常说要“目标在前、活动在后”，请你谈一谈对这句话的理解。

2. 明确幼儿园教育的目标体系对教师的教学工作有何意义？

3. 以“三八”妇女节为主题，请你为小班的幼儿选择教育活动的内容，并说明为什么。

4. 请为中班社会活动“属相的故事”设计教育活动目标，并说明理由和依据。

5. 下面是某位老师为大班科学活动“风的秘密”确定的教育活动目标：

（1）萌发对风的好奇心和探索风的兴趣。

（2）观察风的现象。

（3）教育幼儿懂得人们是怎样利用风以及风对人们生活的消极影响。

请你根据所学理论分析这位老师所确定的教育活动目标是否合适？为什么？应如何修订？

第三章 幼儿园教育活动设计的基本模式

本章概述

在幼儿园课程及教育活动的设计与实施中，学科领域的界限已越来越淡化。因此，基于这样一种课程转型的背景，我们将不再以学科领域的划分标准展开本章内容的讨论，而是以当前幼儿园课程改革中较为集中体现的若干种教育活动模式来展开讨论。幼儿园教育活动作为一种体现教与学相结合的活动，其基本的活动模式一般可以表现为由教师预设为主的模式、师幼共同参与学习的模式和幼儿自主生成的学习活动模式等。本章将着重从这一角度来分析和探讨不同的幼儿园教育活动模式的价值取向、基本特征、应用策略以及相应的活动案例。

教学目标

1. 理解各种基本模式的含义。
2. 掌握各种基本模式的设计方法。
3. 了解各种基本模式的特点。

知识点 1 接受式学习模式

一、接受式学习概述

1. 接受式学习的含义

接受式学习是指学生通过教师呈现的材料来掌握现成知识的一种学习方式。与发现式学习相比，接受式学习的内容是以确定的方式由教师传授给学生，而不是由学生独立、自主地去发现和探寻的。

要理解和把握接受式学习的实质，首先，必须把接受式学习与机械式学习区分开来。机械式学习是指不理解学习材料的意义，死记硬背式的学习，而接受式学习可以是有意义的，也可能是机械式的。其次，必须把接受式学习与被动式学习区分开来。被动式学习是指学生由于缺乏学习的需要、动机、兴趣或者缺乏必要的学习能力和基础等而不积极、主动参与学习活动，而接受式学习可能是主动的，也可能是被动的。因此，真正的接受式学习或者说有意义的接受式学习必须具备以下两个方面的特点：

（1）学习者具有意义学习的心向，即学习者具有内部动机和学习兴趣；

（2）学习材料对学习者具有潜在意义，即学习材料本身的逻辑意义以及能与学习者原有认知结构建立联系。

可见，要使接受式学习成为主动的、有意义的接受学习，既依赖于教师所呈现的学习材料及方式，也依赖于学习者主体的参与和学习能力。

当代认知心理学家奥苏贝尔积极倡导接受式学习并对它进行系统研究。他强调的不是一种机械的接受式学习，而是一种有意义的接受式学习。所谓有意义，即是指接受学习是以学生的认知结构为基础，并在教学过程中强调学生的理解和顿悟。他认为，学习过程是在原有认知结构基础上形成的，认知结构对于学习过程始终是一个最关键的因素，新的学习都是在过去学习的基础上产生的，新的概念、命题等总是通过与幼儿原来的有关知识相互联系、相互作用而转化为主体的知识结构。学习者在学习中主要是通过言语（包括书面和口头）呈现的方式来获取间接经验和理解知识的意义，进而接受系统的知识。

2. 接受式学习运用于幼儿园教育活动的意义及价值

（1）接受式学习有助于养成幼儿良好的学习内部动机和态度　一个有意义的接受式学习是以幼儿学习需要和兴趣的激发为前提条件的，离开学习主体的内部动机和渴求的接受式学习就可能演变为一种被动接受和灌输的学习过程。因此，对于教师来说，接受式学习的展开需要充分调动起幼儿的学习兴趣，它不仅表现在接受式学习活动展开之前，更表现在学习活动展开的过程之中。运用多种手段和方式持久激发幼儿的学习兴趣是成功的接受式学习实施的重要条件，而教师对此从观念到行动的充分重视和强化，无疑也将间接地有助于促进幼儿养成良好的学习动机和态度。

（2）接受式学习能够使幼儿通过对学习材料和内容的有意义加工和积极思维，掌

握系统化的知识 从学习理论的相关研究中我们可以知道，内驱力、线索、反应和强化是影响学习的四个基本要素，它们是学习发生的动力系统，并决定着学习的性质。接受式学习正是按照这四个基本要素所构成的规律来安排学习的。在接受式学习中，教师可以在了解教材和幼儿特点的基础上，通过向幼儿呈现有潜在意义的学习材料来激发他们的学习兴趣和动机，促进幼儿对教师所给予的知识进行选择、理解、加工和内化，将新的学习内容同已有的认知结构建立联系，使新知识获得意义，并有效迁移和灵活应用。

最后，接受式学习相对于其他学习模式而言，所需要投入的成本和时空环境等物质条件较少，比较经济易行性，即使是在物质条件相对匮乏的地区或机构、幼儿园等也比较容易开展。

幼儿园教育活动作为体现和承载幼儿园课程的一个载体，总是会清晰地反映出不同的教学理论、学习理论和课程理论的影响和渗透。在幼儿园课程改革的重大观念改变中，“改变课程过于注重知识传授的倾向”“改变课程实施过于强调接受学习、死记硬背、机械训练的现状”是两个很重要的方面，但事实上，新一轮课程改革并没有否定接受式学习本身，而是批判了过于注重灌输和传授、过分被动接受以致产生的极端不良倾向，而这种学习本身就违背了接受式学习的初衷，只能说是一种“伪接受式学习”。因此，我们应当清醒地认识到，学习方式本身并没有先进落后之分，不能简单地以一种学习方式来否定或代替另一种学习方式，它们之间是各有特点而可以相互依存、彼此渗透的。接受式学习运用于幼儿园教育活动之中也有其独特的作用和价值。

小锦囊

接受式学习与发现式学习的关系

学习，是一种重要的心理活动现象，就人类的学习而言，除了能使个体获得经验，掌握社会文化与科学知识外，它还是个体在与他人的交往中进行的、自觉的、积极的、主动的学习过程。因此，人类的学习从理论和实践两方面来看，总是呈现出积累经验、改造经验、认识世界和改造世界的总体态势，而这一过程始终是接受式学习和发现式学习的有机结合。

接受式学习与发现式学习是两种相对的学习方式，它们相互之间既有区别，又有联系。其区别主要表现在：

（1）侧重点不同 接受学习强调现成知识的掌握；发现学习则强调探究过程。

（2）呈现学习材料的方式不同 在接受学习中，教师把学习内容直接呈现给学生；在发现学习中，教师只呈现一些提示性的线索，而不直接呈现学习内容。

（3）教师所起的作用不同 在接受学习中，教师起主导、控制的作用；在发现学习中，教师只起指导作用，而不控制具体的学习过程。

(4) 学习的心理过程不同　在接受学习中，学生只需直接把现成的知识加以内化，纳入到认知结构中；在发现学习中，学生必须首先通过自己的探究活动，从事实中发现关系、归纳出结论，然后再把结论纳入到认知结构之中。

事实上，在促进学生的知识获得与认知发展中两者的功能和作用是各不相同的，接受式学习有助于理论性更强的学习材料的获得，而发现式学习则有助于对与实际生活相关问题的解决。两者在教学中的地位和作用不存在孰轻孰重或非此即彼的关系，而是一种交叉、重叠和整合的关系，在不同的学习领域、学科门类以及不同的学习对象和学习环境、条件下，两者既可以相互制约，也可以相互促进。

一方面，接受学习是发现学习的基础，一定的知识基础和积累是学习者展开自主发现和有效探索的重要保证，随着学生知识接受量的增大、经验的丰富，能够更好地促进他们的发现式学习；另一方面，发现式学习也为接受式学习的开展提供了良好的具体经验基础，学习者通过发现式学习获得的具体经验可以更好地促进其在接受式学习中对相关知识的理解和掌握，并使知识经验得以巩固和加深。

二、接受式学习活动的设计

1. 遵循幼儿接受知识的心理规律，充分调动幼儿的学习兴趣、动机

对幼儿来说，一个有意义的接受式学习活动应当是能够引起他们积极主动的心理过程的活动。而幼儿心理活动的主动积极与否，不仅取决于新的学习内容和材料能否通过教师的传授被纳入到他们原有的认知结构中而产生意义，更取决于幼儿的学习兴趣和需要。因此，教师在采用接受式学习方式设计教育活动时，要从幼儿心理发展以及知识接受的一般规律出发，充分地引发和培养幼儿对学习内容产生积极的需要和兴趣，使幼儿产生主动学习的愿望，从而避免“填鸭式”“被动式”“注入式”学习。

2. 以幼儿的经验点为基础，确立与把握适宜的学习材料和内容

接受式学习与发现式学习在幼儿园教育活动的运用中有着各自的特点和价值。相对来说，接受式学习所适宜的学习领域比较偏向以情感为基础的艺术、语言等学科领域的内容。而发现式学习所适宜的学习领域比较偏向以认知为基础的科学、数学等学科领域的内容。但对幼儿来说，学科领域是完全分开的，幼儿园的教育活动是以领域整合的方式显现的。在一个教育活动小可能渗透着不同领域的学习内容，而对于不同的幼儿来说，在一个相同的教育活动过程中所获得的领域知识的面以及点也是因人而异的。

因此，教师在设计教育活动时。必须从一个活动所涉及的领域范围的主线，即该活动所显现的主要学习领域的价值出发考虑教育活动的形式。而确立接受式学习为主要活动模式，首先必须对活动的内容和材料进行分析、把握，确定学习材料的意义，即在幼儿已有认知结构和经验点的基础上。例如教师给小班幼儿设计接受式音乐活动时，就首先要对歌曲进行意义性筛选，以歌曲所反映的内容或主题是否与幼儿的已有生活经验相关为主要依据，从而使学习材料和内容能够引起幼儿的共鸣，促进他们的积极思维和想象，进而促进他们对知识的理解和应用。

3. 采用灵活的、多样的活动手段与形式，拓展幼儿信息获得的资源和渠道

对于教师来说，确保接受式学习活动真正对幼儿有意义的另一个关键点便是应当灵活运用各种教育活动环节以及现代化的教育教学手段，而不是一味地机械地采用讲解、问答等传统的教学方法和教学手段。例如，诗歌《摇篮》是一个文学性和艺术性、情趣性兼具的，适合学龄前幼儿的较好的语言学习材料。教师在设计活动时，采用了多种活动手段和方式，通过让幼儿观看多媒体录像、情景游戏、动作及绘画表现等手段来帮助幼儿理解、“接受”诗歌，在反复的体验、表达和合作等多种学习方式下，加深和拓展他们对诗歌内容的记忆和把握。在这样的接受式学习中，幼儿不仅能够主动积极地学习诗歌中的优美语句，获得意义性理解；还能充分地领略和感受到优美诗句所营造的意境美、韵律美，想象并体验各种“摇篮”和“宝宝”之间的亲密无间。

知识点 2　体验式学习模式

体验式学习始创于20世纪40年代的英国，它作为一种学习模式在60年代曾被美国普遍地运用到普通学校教学过程中并引起了美国教育界对其在理论与实践上的广泛探究。随着这种学习模式在世界范围内的传播，它也给我国课程改革背景下的教育活动模式探究带来了新的启示。

一、体验式学习概述

体验式学习的英文一词是“experiential learning”，可见其含有通过经验、借助实践学习之意；而《现代汉语词典》中对于“体验”一词的解释是“亲身经历以认识周围的事物”。在教育领域，对“体验式学习”的理解与辞源的含义基本是一致的：“体验，指学习者通过实践来认识事物，在亲身经历的学习与探究活动中获得情绪感受，融入自身的经验之中，并对原有经验发生影响，它是影响学习者情感、态度和价值观的重要活动。体验式学习泛指学习者亲身介入实践活动，通过认知、体验和感悟，在实践过程中获得新的知识、技能、态度的方法。”

体验式学习与传统的学习方式相比，更注重学习者个体作为一个平衡体的存在。从现代心理学的角度看，体验就是一种积极的内心活动，“是指由身体活动与直接经验而产生的感情和意识，就是指人们在实践中亲身经历的一种内心情感活动，一种对感情的感知方式”。从哲学的角度看，“体验是人对社会生活整体性参与的结果，人总是以整体的意识和形象进行某种社会行为，这种整体而内在的心理结构就是体验”。哈佛大学的教授戴维·科尔布（David Kolb）对体验式学习做了大量的研究和论述，他将体验式学习描绘成一个四阶段的循环周期，如图3-1所示，这个周期是由四个元素：具体的体验、观察与反思、抽象概念的形成、在新情境中检验概念的意义所构成的一个理论模型，它是一个动态的、循环往复的运转周期。

从以上关于体验式学习的概括中我们可以看出，作为在学习理论研究与教学理论研

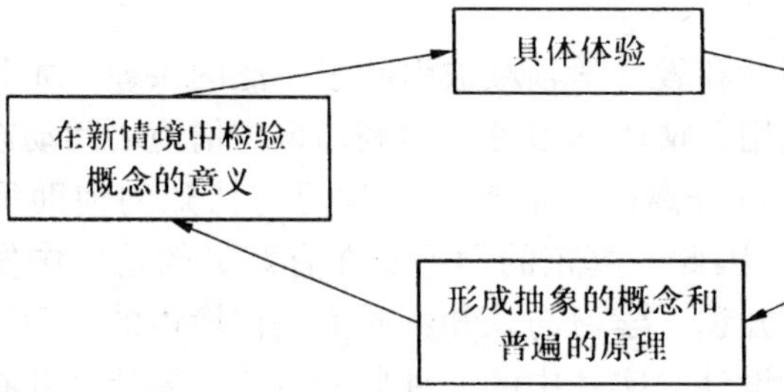

图 3-1 体验学习模式

究中的一个新课题，这种学习模式强调和体现的是学习者在实践和一定情境中的主体参与和亲身经历，以及由此所产生的内心活动。这种学习模式在教育活动和教学中的运用，更注重的是学生的亲身体验与实践，引导学生从体验中感悟、从实践中学习，与以往目标导向的教育活动模式相比，它更追求学习过程对学生的意义。

二、体验式学习的特点

1. 亲历性

所谓亲历性，是指在体验式学习中让学习者进入某种情境，参与其中的实践与活动，在这样的过程中用自己的身体、感官和心灵去感受、体验和领悟。这种亲历性反映在学习者个体身上，表现出如下特点：

（1）由于体验式学习是基于每个学习者个体自身参与的学习活动，而不同个体之间是有差异的，因此，对同一个情境、背景或事物，他们的感受和体验却不尽相同。作为教师，应当认识到学习者在体验过程中的这种独特性，鼓励并允许幼儿有因人而异的、个性化的体验结果。

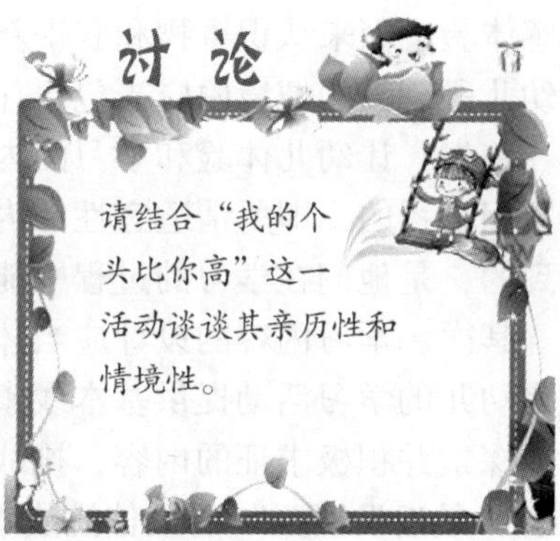

（2）体验式学习是伴随着学习者个人情感体验的活动。对于幼儿来说，它能充分调动和引起他们内心的情绪情感体验，所获得的知识或技能往往更深刻、更有效，这样的学习也才真正具有意义；因此，体验式学习也是体现情感性的活动。在幼儿园的艺术活动中，体验式学习模式得到了广泛的运用，充分体现出其在进一步完善幼儿的情意结构和人格结构方面的重要作用。

（3）体验式学习注重学习者在活动中的人际沟通、能力拓展以及潜能发掘，在这种价值追求的影响下，体验式学习模式更强调和更突出的是学习者的体验和学习过程以及伴随着这一过程中的反思。

因此，幼儿在个体的学习过程中的亲历体验还具有反思性的特点，这种反思能够促进学习者的思维和元认知的不断发展，能够帮助学习者改善和调整学习策略，进而使学习者学会学习。

2. 情境性

目前，情境学习理论在心理学和教育学领域被引起了广泛的兴趣，尤其在教学设计和教学实践层面得到了推广和应用。情境学习理论强调知识与情境之间动态相互作用的过程，它认为“知识与活动是不可分离的，活动不是学习与认知的辅助手段，它是学习整体中的一个有机组成部分”。因此，真正的学习是在有意义的情境中发生的，学习者正是在情境中通过活动获得了知识，学习与认知本质上是情境性的。而体验式学习模式就是情境学习理论应用于教学设计与实践中的一种典型范式。要让幼儿在亲身经历和体验中获得知识或概念，情境设置是引发和生成这种学习的最基本条件。情境，既可以是发生在一定背景中的真实情境，也可以是模拟的情境。学习者通过在一定情境中的亲身感受，充分地运用自身的多种感知通道去接触情境中的事物、材料，进而在感受、刺激的过程中产生丰富的、真实的体验。

对于幼儿来说，体验是一个相对复杂的过程，是伴随着主体的一系列活动，参与、感受内心情感体验的过程，它是学习者介入一定的实践活动中，用自己的心灵去感悟并获取体验性知识的过程。因此，实践性和活动性也是体验式学习必不可少的特点之一。只有在活动和实践的前提下，才能保证和实现幼儿的体验过程。

三、体验式学习活动的设计

1. 学习内容的设计：适宜性、意义性、挑战性

体验式学习是学习者亲身介入实践活动，在亲身经历的学习与探究活动中获得情绪情感体验进而来认识事物和获得新的知识、技能的学习过程。在体验和学习的过程中，给幼儿所创设的情境中应当包含什么样的学习内容也是一个非常关键的问题。

首先，让幼儿体验和学习的内容应当是以幼儿的生活经验为基础，并与其生活实际紧紧相联系的，即所谓适宜性的内容，是幼儿在自己的生活中能够看到的、听到的、感受到的，是他们在学习的过程中能够体验、操作和思考的。

其次，学习内容的设计应当体现内容的意义性和挑战性，意义性是指学习内容是能够为幼儿的学习活动提供基本线索、信息和相当的学习机会的内容，是能够引发幼儿思考、探索并积极求证的内容；挑战性是指渗透在学习情境中的学习内容是能够促使幼儿处于“最近发展区”的最佳挑战水平上，通过教师或其他途径适当的“支撑”而获得提升和重新建构的知识和内容。

2. 学习情境的设计：真实性、模拟性、社会性

对于学习情境的设计，巴拉布等人曾提出以下几条基本原则：

- 使学生能真正自主地进行探究；
- 进行与专业领域相关的实践；
- 教师应当是学习和解决问题的专家，教师的工作就是通过向学生提问，对其学习和解决问题进行指导和建模；
- 给学生设置的困境必须是不很明确的或界定松散的，以留有足够的空间让学生能利用自己的问题框架；
- 应给予学生反思的机会，反思自己在做什么，为什么这么做，甚至搜集证据来对

其行为的功效进行评价等；

- 给出的问题必须是真实的问题，而不是经过简化的问题；
- 工作是合作性和社会性的；
- 学习的脉络具有激励性。

在体验式学习模式的情境设计中，教师首先要注意情境的真实性，即与幼儿的社会生活经验和社会文化背景以及所学知识相联系的、真实的环境。

从总体上来说，学校或幼儿园的环境毕竟不能等同真实的生活环境，因此，首先，就有必要从知识与社会生活实际的联系入手，尽量创设一个高度真实的模拟环境。这样的模拟环境应当具备真实环境的许多复杂的特质，如能够促使幼儿有机会生成问题、提出各种假设和解决问题的思路；能够有助于幼儿在解决结构不良的、真实的问题情境过程中充分获取资源和信息；能够让幼儿在充分感受和体验的过程中获得情绪情感上的满足和快乐等。其次，学习情境设计的另一个重要方面是对社会性的把握和理解，即应当为幼儿创设一个能够自主、自由地合作、交流和分享的学习情境，而不是纯粹个体的探索行为和体验活动。这是因为幼儿本身的生活环境就是一个开放、多元的体系，在这样的环境（即使是模拟的环境）中将有助于他们在与多种因素（包括事、物、人等）的互相作用中获得体验性知识，同时也有助于培养起他们适应一个社会化环境和背景所应具备的能力和素质。

3. 活动评价的设计

体验式学习与传统学习模式的一个显著区别就在于它不是一种以学习结果为价值取向，而是更注重学习过程的新的学习方式。对于以过程目标为导向的体验式学习模式，其评价活动的设计应当体现以下几点：

（1）体现持续性　评价应当自然地与学习整合在一起，在学习的过程中对幼儿实施持续的、现场式的、跟踪式的评价。这种评价的方法和手段可以是实录式的观察记录或认知成长档案等。

（2）注重过程性　对幼儿学习成效或幼儿学习能力（探究能力、参与实践活动的能力等）的评价应结合具体的真实问题或模拟真实情境中的问题解决过程来进行。

（3）追求开放性　是指对体验式学习的评价注重评价手段和方法的多样性以及评价主体的多元性。无论是对学习结果还是幼儿发展的评价方式都不能仅仅是以量化的、标准化的测量或等级评定为主，而应尽可能采用多样化的评价方式，如活动观察、档案记录、成长手册、作业评定、家长（教师）访谈等。

在评价的参与者和主体方面，不仅教师，幼儿（学生）也可以成为评价的主体之一，并参与到对自己、对他人、对学习过程的有意义的评价之中；同时，通过这种评价也能促进他们更好地反思、判断，从而推动其更深入、更有效的学习和探究。以下提供一个体验式学习的案例，来进一步加深对这一学习模式设计相关问题的认识和理解。

案例：大卖场

那天，活动室被布置成了一个模拟的“大卖场”，两边放着各种物品，有饮料（罐装的、塑料瓶的，大小和形状不一）、食品（巧克力、饼干、薯片、糖果等）、水果（橘子、香蕉、苹果、柚子等）和日常用品（卷筒纸、塑料吸管、一次性纸杯等）。顾老师：“你们看，今天我们的教室像个什么地方呀？”嵇颖：“像个商店。”胡凯悦：“像超市。”刘伯谦：“像个大卖场。”……顾老师：“今天，让我们一起去逛逛大卖场，好吗？”……钱依天：“这个大卖场太乱了，东西应该整理一下的。”作为对钱依天建议的积极回应，孩子们交流起了物品应该怎么放，并分头去整理、归类。通过孩子们的共同商议和小组合作，一个“大卖场”里的物品被分别归放成了饮料、食品、水果、日常用品四个区域。

这时，顾老师拿出放在一边的购物篮和装有钱币（纸写的，有1元、2元和5元不等）的小钱包：“我为你们准备了买东西用的篮子和钱，你们可以用这些钱去买你们想要的东西。”冯亦磊马上大声地叫了起来：“可是，我们又不知道这些东西要多少钱？”妞妞说：“我们来写吧。”于是，孩子们分成了四个小组，各自去给四类商品标价。

顾老师观察到了第三组在饮料区的交流和对话。妞妞：“清茶是几元的？”汪洋：“3元的，就写3元吧。”妞妞拿起笔，正准备写，刘心虎一把拉住她：“不对，不对！是3块5的，我喝过的，肯定是3块5。”冯亦磊说：“还是写少一点吧，便宜点，等会儿我们就能多买一些东西了。”“对对对！”妞妞兴奋地附和着，并毫不犹豫地在纸条上写下了2元。刘心虎：“不对的，不是2元的，肯定不是的。”妞妞不高兴地说：“你烦死了，有什么关系啦，又不是真的喽。”在小组其他小朋友的“支持”下，妞妞又给矿泉水、可乐、雪碧等分别标上了价，这次，刘心虎也不反对了，他们组给饮料标的价都在1元至3元之间。

顾老师带着孩子们在四个商品区走了一圈，让孩子们分别看了看不同商品的标价。接着，顾老师说：“我为你们准备的小钱包有两种，一种里面一共有15元（4张1元、3张2元和1张5元），还有一种里面一共有20元（4张1元、3张2元和2张5元），你们可以自己去选一个钱包。”孩子们开始去拿钱包和购物篮了，大多数孩子都倾向于要钱币多的那个钱包。孩子们各自拿着自己的小钱包和购物篮走向商品区，他们一边看着自己手中的钱币，一边对照着不同商品下方所标的价格，往自己的购物篮里放着自己所选中的商品。

在顾老师的建议下，孩子们分成四个小组，每组孩子相互之间验证每个人所购商品的总价以及需要付出的钱币。第三组的妞妞说：“先看看我的吧。”她指着篮子里的商品：“这是可乐，3元的；这包饼干也是3元；这个苹果1元；还有这罐巧克力是6元，哦！让我想想……一共是13元。”冯亦磊：“对的，对的！你付钱吧。”妞妞从钱包里掏出4张1元数起来：“1元，2元，3元，4元。”又掏出3张2元的钱币，一边数一边往4张1元钱币上放：“4元加2元是6元，再加2元是8元。”当她准备要往上再数一张2元时，冯亦磊叫了起来：“不要了，你再拿一张5元就好了，8加5正好是13呀。”妞妞迟疑了一下，似乎明白了，她从钱包里又拿出一张5元：“对了，正好是13元。”汪洋：“那你快把钱交到收银台去吧。”妞妞得意地跑到收银台去交钱，边跑边说：“我还有钱，我等会儿还可以再买东西的。”

轮到刘心虎了，他的购物篮里放满了商品，妞妞叫起来：“哇！你买这么多东西，你钱够不够啊？”汪洋：“你有没有数过钱呀？”刘心虎点点头。冯亦磊说：“我们看看你买的东西吧。”刘心虎从篮子里一样一样地往外拿着：“这是雪碧，3元；这是清茶，

2元；这是柚子，4元；这是巧克力，3元；这包薯片，2元；还有这包吸管，1元；这包糖，也是2元。”汪洋：“一共多少钱呀？加一加吧。”刘心虎用手一一点着每样商品：“一共是……，一共是……”妞妞最快叫起来：“一共是17元，你付钱吧。”在妞妞的催促下，刘心虎从钱包里拿出一张1元，又拿出一张5元，看了看，随后又掏出一张2元放在5元纸币上：“一共17元。”冯亦磊惊讶地叫起来：“开什么玩笑，这又不是17元，这是8元哎！”这下可把刘心虎难住了，妞妞说：“不行，不行，再把你的钱数出来。”刘心虎似乎有点明白过来了，把小钱包里的钱都掏了出来摊在桌上，妞妞说：“已经有8元了，我们再接下去数吧。”刘心虎拿起一张1元，妞妞接过来：“9元。”刘心虎又拿起一张1元：“再加1元，是10元。”汪洋：“再加，还有一张1元，还有这张2元的，现在是13元了，对！13元。”在一边默默看着的冯亦磊突然插话了：“这样数太麻烦了，我有办法了，只要拿掉3元钱就可以了。”说着，他把大家摊在桌上的钱币都归拢起来，抽出一张1元和一张2元，将剩下的一推：“这里就是7元了。”妞妞似乎有点不相信，用手一一点着剩下的钱，口中默念着。汪洋兴奋地叫了起来：“对对对！肯定是17元，这个钱包里一共是20元的，20减3等于17，对了！”

在这个案例中，教师为幼儿创设了一个模拟的情境和游戏活动使幼儿在购物的背景中。通过集体以及小组间的合作和交流，积累和分享与分类、对应、比较和钱币计算等相关的经验，并在解决一系列基于该情境背景中的数学问题的过程中学习和建构起相应的数概念。情境虽然是在教师的创设下显现的，它与真实情境相比，看起来可能教师预设的成分相对要大一些，但即使是这种预设，它也是基于幼儿的兴趣和需要，并以他们的生活经验为前提的。因为教师已经明确地意识到“幼儿主要是通过参与活动（或游戏）中的社会实践，而不是通过发现独立存在于他们之外的结构来达到对数学的理解的”。

在这个案例中，教师也非常注意为幼儿营造和创设一个小组交流和互动的背景，让幼儿在与他人、环境和材料的多重作用中获得体验性知识。从幼儿的知识获得和概念建构来看，如果没有一个幼儿共同对话、交流和合作的背景，幼儿的自我建构也就仅限于其原有的认知，也不可能通过接受来自于同伴的信息达到一种提升、修正或仅是模仿。可见，从起先幼儿个体、个别的认知到经历冲突、协商、接纳、修正的过程后获得新的认知，互动对话式的沟通已经完全超越了单纯意义的传递而体现出重新建构意义、生成意义的功能来。

对于这一点，我们可以在活动最后部分——孩子们购物后钱币验算中——领略和重温到幼儿概念的意义建构过程，从已有概念到新概念的发展可以折射出，在一个基于合作和交流互动的学习背景中，幼儿数理逻辑概念意义建构的基本轨迹，从运用旧概念解决钱币的计算问题到遭遇困难，接着调整运算策略，最后作出正确的判断，形成新的概念。整个建构的过程和方式是清晰的，虽然在不同幼儿个体身上建构的各个关键点所处的状态是不尽相同的，但正是在幼儿之间所产生的认知冲突中、在与材料和情境问题所呈现的矛盾中、在反复地体验情境背景的过程中，他们不断地反思和修正着自己的原有概念，通过顿悟形成新的假设，并通过实践加以验证，最终推进着幼儿建构并形成新的概念。

此外，通过这种体验式的情境学习，也能使我们强烈地感受到幼儿对数概念的形成并不是简单地可以由教师传达到幼儿那里的，相反，幼儿对数概念的形成是需要经历一个艰难的历程的，而在这一学习和建构的历程，让不同发展水平的幼儿通过一定的情境加深体验，并积极地展开合作和交流是有益而有效的。

知识点 3 探究式学习模式

探究式学习是我国新一轮基础教育课程改革中所大力提倡的一种学习方式，它在培养学生发现问题、研究问题、解决问题的能力以及创新精神、全面素质的提高方面所凸显的价值已得到了广泛的认同。从这种教育理念出发，引发了我国基础教育课程改革在课程结构上的重要突破，并根据各学段学习程度和要求的不同，分别演绎出了“探究型主题活动”（幼儿园）、“探究型课程”（初中、小学）和“研究型课程”（高中）。

一、探究式学习概述

1. 探究式学习的含义

探究式学习（Inquiry Learning）中的“探究”一词，取其“探索研究、探寻追究”之意。探究式学习就是指一种以学生自主的发现、探究和解决问题为主的学习方式。它既不同于以记忆为基础的接受式学习，也不同于基于模仿而进行的学习；应该说，它是人们在总结“发现式学习”和“有意义学习”经验的基础上提出的一种以问题为基点的学习。

探究式学习是学生围绕着一定的问题而展开的一系列以自主探究为主的活动，包含了观察、提问、操作、实验、假设、讨论、验证、合作、交流、质疑、预测、推理、归纳、整理等。而幼儿园的探究型主题活动则是指围绕着一个主题（可以是教师预设的，也可以是幼儿生成的）而展开的以幼儿的自主探索、自由表达、合作交流、质疑解惑为过程的活动，它与原有的集体教育活动和分科课程相比，具有更综合、更自主、更开放、更灵活的特点，它是以让幼儿获取丰富的学习经验，满足和激发幼儿探索的好奇与兴趣，发展幼儿的创造性表征能力和解决问题能力为目标的一种探究式学习活动。

2. 探究式学习运用于幼儿园教育活动的意义

（1）促进幼儿的积极思维，培养发现问题和解决问题的能力　探究过程与幼儿的思维过程是密不可分的，通过幼儿自身的探究所引发的思维过程是一个积极的过程。因为只有通过幼儿亲自探究获得的知识才是幼儿主动建构的，是他们真正理解和相信的，是真正属于他们自己的。

探究式学习与接受式学习相比，更强调的是幼儿自主地、主动地开展探索和学习来获取知识和概念。通过在教师启发和引导下的亲身探究，让他们自己去发现已有经验和新的现象或事物之间的不一致或矛盾之处，在认知冲突中进行自我认识、自我修正，进而重新建构起新知识、新经验。而这样的探究过程本身就是幼儿不断思维的过程，在自主探究中的分析、思考、判断、推理可以使幼儿的思维得到最好的锻炼。同时，探究式学习又是以问题为依托的一种学习方式，在这种学习过程中，一方面可以培养幼儿的问题意识，主动去发现和探寻隐含在现象或事物背后的问题，引发积极的思考、合作和互动；另一方面更能够促使幼儿努力地去解决一个个伴随着不断的探究而呈现的问题。

（2）满足幼儿探究的本能，使其获得亲身参与探究的体验　探究，几乎可以说是每一个生命个体的本能，当幼儿作为一个新的生命来到世界时，就与生俱来地产生了一种探究的潜能，他们正是通过自发的探究不断地加深着对这个世界的认识：蚯蚓是怎样在泥土里生活的？一粒小小的种子怎么会长成一棵大树呢？风筝为什么能够飞得那么高呀？牙齿是什么材料做的？为什么掉了还会自己长出来呢？伴随着诸如此类的问题，孩子们的好奇和探究表露无遗。

对幼小的幼儿来说，探究虽然不是一种需要从无到有去学习的事物，但从自发的、天生的探究本能到探究能力的不断提高和完善这一漫长的过程却是离不开教师和成人的支持、鼓励、帮助和指导的。作为教师，为幼儿提供亲身探索、主动发现和创造的学习环境，随着其探究实践的不断展开，不仅能够保持幼儿积极探索的兴趣，使幼儿在感受和体验探索的过程中获得满足感、兴奋感和自信心，而且还能在不断的探究活动中引导幼儿拓展探究范围，学习并获取更有效的探究方法和手段。

（3）有利于幼儿科学态度和科学精神的养成　探究式学习活动有利于幼儿逐渐养成“凡事须亲身观察、检验才能确信”的科学态度和精神，而这种科学态度和科学精神的养成对其今后的学习和成长的价值无疑是重大而深远的。同时，在探究式学习活动实践中，幼儿间的互相学习和交流相对于接受式学习要更自由、更开放，这样的学习体验能够促进幼儿学会合作、学会交流、学会倾听、学会接纳、学会批判、学会反思，进而以一种更客观开放、民主平等的态度进入学习，它也能为幼儿未来独立性、自主性、批判性等科学精神的养成奠定良好的基础。

（4）促进知识的整合，培养和提高幼儿学以致用的能力　探究式学习活动在培养幼儿探究过程的技能和能力方面，其意义和价值不仅体现在培养学生发现问题和解决问题的能力上，还体现在幼儿知识整合能力和应用能力的培养上。在探究式学习活动中，围绕着一个主题而展开的探究，包含了社会、生活、语言、科学、艺术等不同的领域和层面。伴随着探究式的学习活动，幼儿在教师、同伴、环境、材料的启发下，不断地展开由一个主题而衍生出来的涉及各个不同领域范围的内容和主题。

在这一过程中，幼儿既通过调动已有的经验，实现在知识整合基础上的、更深入的探究和学习；也能够在获取新经验的过程中促进学以致用能力的培养和获得，其中包括了幼儿自主发现和提出问题的能力、谈论和设计解决问题方案的能力、交流信息的能力、与他人合作和分享的能力、以多种途径收集和分析资料的能力、整理归纳并形成结论或进一步行动方案的能力等。

二、探究式学习的特点

虽然探究式学习的意义和价值已引起了教育领域广泛的重视，但在课程改革和教学实践中对其本质特性的认识仍然存在着一些偏差和误区：有把“操作学习”或“做中学”等同于“探究式学习”；把幼儿能够提出问题视为“探究式学习”；也有过分强调探究式学习的探究主题和研究价值而脱离了幼儿本身对主题的关注和经验基础等，凡此种种，都与对“探究式学习”概念和特点的理解相关。一般来说，探究式学习具有如下特点：

1. 开放性

对于幼儿来说，其周围的世界是丰富多样而千变万化的，通过探究式学习，通过与环境、材料、他人的互动，幼儿可以获得自然、社会、生活等方面的诸多感受和体验。幼儿探究所面临的问题，往往也不是简单的、仅仅局限在某一学科范围之内的问题，而是综合性的问题，因此，基于幼儿已有经验之上的探究内容和主题也就呈现出开放性、多元化的特点。

探究途径和渠道的开放性。探究式学习是幼儿自主设计、独立或合作完成任务的一种学习模式。在探究过程中，幼儿获取知识和解决问题的途径和渠道也是开放的，这种开放表现在幼儿可以自己选择获取信息的方式，譬如对“螃蟹为什么一直吐泡泡?”这个问题的好奇和探究，孩子们获取信息的方式就是多种多样的，有的说回家问爸爸，有的说看《十万个为什么》，有的说可以到网上去查，等等。这种开放还表现在幼儿可以采用不同的探究工具和途径，譬如在“蚯蚓”主题的探究性学习中，有的选择用铲子工具挖蚯蚓，有的选择用手电筒、放大镜工具仔细观察蚯蚓等。

探究式学习的环境与以往传统的学习环境相比，它所改变的不仅仅是学习的地点和内容，更为重要的是它提供给了学生更宽广、更开放的获取知识和信息的渠道和途径。幼儿在探究和学习的过程中，不再仅仅局限在教室的有限空间和环境之中，户外、大自然、公共场所、社会机构等都是幼儿的开放式探究环境。在这样的开放式环境中的探究学习，既能够帮助他们获得认知成就，更能够促进他们主动地去关心现实、体验社会并完善人格。

2. 过程性

对于幼儿来说，“经历”“经验”“过程”就是探究式学习的根本，只要他们全身心地经历了探究的过程，充分享受了探究的乐趣，对他们来说就是一种有收获的学习、有价值的学习。虽然有的探究活动最后并不能得出一个结论或得到一个结果，或许会在孩子们的心中留下些许遗憾，但这种不完满却也能从另一个侧面去引发幼儿的反思和推动他们更深入的探究。对于孩子们来说，这正是他们在体现过程性特点的探究式学习中的收获和成长。

3. 自主性

探究式学习的自主性特点贯穿在整个学习活动过程之中：

首先，探究的主题是由幼儿自主选择、自主确立的。教师不再是教育活动和幼儿学习的主宰者；学习的发起、内容和主题的确定与生成，不再是教师的“专权”，而成为学生自己的选择。

其次，探究的过程是自主、自由、自在的。它意味着幼儿不再是在一种封闭的、完全结构化的、控制的、整齐划一的背景下展开学习和活动，而是处在一种更开放的、低结构化的、自由灵活的学习和活动状态。幼儿可以根据学习和探究的主题展开自由的词论、充分的合作、自主的实验、大胆的尝试，他们不仅享有探究主题的生成权，更享有探究途径和形式的决策权。

最后，探究结果的交流和评价也是幼儿自发、自主的。幼儿既可以通过与教师、同伴的接触，也可以通过对事实性材料的观察分析来形成对探究结果的评价，但这种评价都是幼儿主体参与和主动发起的，而伴随着评价的交流，也是幼儿自身参与探究实践的真情实感和自然流露，它既可以是言语的，也可以是非言语的实例、作品、模型等。

三、探究式学习活动的设计

1. 探究主题：从幼儿经验出发

探究式学习在幼儿园教育活动中的价值与实际运用已成为幼儿园课程改革中的一个备受关注的热点问题，在实践领域也出现了以探究式学习为主的教改成果。不论从探究式学习的基本要义还是来自于实践的已有成果？我们都可以清楚地看到，以尝试性解决问题为根本的探究式学习在幼儿园教育活动的运用中有着不同的表现类型：

（1）根据幼儿在探究过程中获取信息的方式来分，可以分为直接的探究和间接的探究。所谓直接的探究是指幼儿可以通过现成的资料、资源（如书籍、音像资料、互联网、博物馆等）或直接询问成人等方式直接收集信息；而间接的探究是指幼儿对探究问题的信息获取需要通过观察、实验、预测、讨论、推断等过程，借助于整理分析归纳来获得和发现。

（2）根据探究问题所涉及的领域范围来分，可以分为科学领域的探究、生活领域的探究、社会领域的探究和艺术领域的探究。

（3）根据问题解决的过程和环节来分，可以分为完整（或完全）的探究和部分的探究。所谓完整（或完全）的探究一般包括发现或提出问题、确定解决策略、形成问题解释、评价和交流探究结果等几个环节，而部分的探究所反映出的则是上述的部分环节。然而，无论涉及哪种类型或哪种层次的探究，对探究主题（或问题）的设计都应当从幼儿的经验出发，面向幼儿的生活、面向社会，关注来自于幼儿的问题。

在探究式学习活动中，主题的来源既可以是教师根据《幼儿园教育指导纲要》（试行）精神、幼儿发展特点以及经验基础有计划地加以预设，也可以是在幼儿兴趣点以及经验基础上进行即时的生成。总之，主题内容确定的关键点是幼儿的经验：作为由教师预设的主题，其确立的依据主要有两个方面，一是幼儿的已有经验，二是幼儿阶段发展目标。教师以此为据来衡量所选择的主题是否与幼儿的已有经验相吻合，学习任务是否是大多数幼儿所能完成的，主题内容是否与该年龄阶段教育目标相一致以及活动展开是否有利于幼儿获得成长与发展中的关键经验。除此之外，教师也需考虑所选择的主题是否有来自学校、社区和家庭等方面的资源。而作为由幼儿倡议、发起或在教师与幼儿的互动中引发生成的主题，教师更应当关注他们的生活、关注他们的经验、关注他们的兴趣、关注他们的需要，并以此为原则去帮助幼儿自主催生新的探究主题。下面通过两段老师的记录加以分析。

记录一：

刚到幼儿园，丁丁就被小伙伴们团团围住了，原来是他脚上穿的那双鞋引起了大家的兴趣。红红兴奋得不得了："你们看，丁丁的鞋子真有趣，走起路来会一亮一亮的。""真的会发光，说不定里面有电池的。"小伙伴们你一句我一句，围着丁丁的鞋子好奇得不得了……

一些孩子在议论着自己的、同伴的鞋子，也有的孩子说到了父母的鞋子。洋洋说："我妈妈有双皮鞋的跟可高了，走路的时候不太方便。""那有什么了不起，我爸爸有双溜冰鞋，他经常带我一块儿去溜冰，可好玩了。"听着他们的议论，连平时不太爱说话的依依也忍不住了："李老师给我们上舞蹈课的时候，穿的是舞蹈鞋，而且她有好多不同颜色的舞蹈鞋，可好看了。"她这么一说，一下子引起了其他小朋友的共鸣，大家的讨论也越发热闹了，又说出了其他一些不同种类的鞋……这时，伟伟在旁边叫了起来："哇，那么多的鞋子，可以给它们做广告了。"我在一边说："是呀，你们想办法让别人来买你们的鞋吧。"说着说着，大家就三五成群地开始设计起广告来了。

记录二：

国庆节即将来临，小朋友都在画天安门来美化教室。小朋友对天安门的模样有些模糊，因为他们只在电视上、书本中看见过天安门。王佳晨小朋友边画边问旁边的圆圆："天安门到底是什么？"圆圆说："天安门是皇帝住的地方。"王艺程反驳道："天安门是庙，爸爸带我去烧过香的。"张君彦说："天安门看上去像一艘船。"原来她在天安门上添了许多窗，还把天安门画得五颜六色的。我在一边问道："天安门到底是什么呢？有什么办法可以了解到呢？"

以上两个片段的文字所描述的场景在幼儿园生活中是极其普遍的，一个是由同伴间的互动交流而产生的对话，另一个是由幼儿所感兴趣的事物而引发的争论。敏锐的教师在倾听的同时，及时地捕捉到了隐藏在幼儿幼稚语背后的困惑问题以及他们共同感兴趣的话题，在教师的建议和暗示下，幼儿的好奇和谈论就生成了一个有趣的探究主题。

2. 探究环境：提供足够的支持条件

教师在为幼儿营造一个探究式学习活动的环境时，需要提供充分的支持条件。这种支持可以分为以下几个方面。

（1）探究式学习活动的展开对班级或集体的人数有一定的要求　小班化教学较适合探究活动的开展，因为如此才能更有利于幼儿充分地表达、充分地交流。当然，教师也可以根据幼儿园和班级的实际情况进行变通，如将幼儿适当分组来展开探究活动。

（2）探究式学习活动需要有充足的材料准备　这不仅是指为幼儿准备与探究活动直接相关的材料和工具，还指要能为幼儿提供因幼儿的研讨、交流以及随探究问题的深入而即时生成的对新的问题和探究方向的延伸所可能需要的材料、工具或其他资源。

（3）探究式学习活动展开需要充足的时间保证　在一个固定或有限的较短时间内要组织幼儿开展探究是有困难的，即使激起了幼儿的探究欲望，也展开了一定问题的探究，但要深入或发展就可能会带来局限性。当然，在保证幼儿有足够的探究时间的同时，教师还应当为幼儿提供充分的探究空间，这种空间是自主、自由的，是能够让幼儿享有自己的意愿、自己的行动和自己的交流的。

下面来看一段教师的记录：

孩子们围绕着“米是从哪里来的”话题展开了讨论，有的说米是从超市里买来的；有的说米是农民伯伯种出来的……当孩子们了解到“米是种出来的”时，他们很想自己动手种一下，于是我就为他们提供了糯米、大米、黑米、稻谷等材料。孩子们分别选择了不同种类的米，并放在水里等待发芽。可过了一段时间，他们发现水里的米不但发不了芽而且都腐烂发霉了，唯独稻谷，长出了细细绿绿的嫩芽。围着这些嫩嫩的小苗苗，孩子们又产生了新的疑问：“该将这些苗苗种在什么地方好呢?”彬彬回去问爸爸，下乡插过队的彬彬爸爸马上主动地承担起种秧苗的任务。他从家中找来了一只废旧的大面盆，在盆中装了泥土和水，并做成了“水稻田”的样子，他还为孩子们进行了一次插秧演示，而且在以后的日子里和孩子们一起施肥、除杂草，让孩子们有了一次亲身感受“种水稻”的经历。

在这个实例中，教师不仅为幼儿探究“米是种出来的”问题提供了直接的材料，同时，教师更清楚地意识到了促进幼儿展开探究式学习活动的环境应当是全方位、多渠道的，作为教师，应当努力挖掘环境中一切可利用的资源，为他们提供“取之不尽，用之不竭”的材料。在此，教师及时地发现和领悟到了幼儿新的需要和探索点，并给予了环境和材料上的充分支持。此外，在提供充分的材料支持上，还包括教师应当对投放的材料给予及时、灵活的调整，例如当教师在带领幼儿秋游回来后，发现孩子们对风筝产生了极大的兴趣，在教师的鼓励和支持下，幼儿不仅自发收集了有关风筝的大量图片，还萌发了想亲手制作风筝的愿望，教师便不失时机地把图片布置在墙面上，并为幼儿提供了制作风筝的基本材料：纸、竹签和线，更在幼儿亲手尝试探索风筝的制作过程中，不断地观察幼儿的活动并即时地调整和提供材料（见表3-1）。最后，在充分地提供材料支持方面，教师还应当注意把握好所选材料的教育价值，即为幼儿选择能引起他们探究动机和兴趣的材料、能有助于揭示有关现象和事物之间关系的材料、能更进一步激发幼儿深入思考、探究，形成新的生长点的材料。总之，对于教师来说，为幼儿创设和提供一个支持性的材料环境，不仅能够满足幼儿探究的需要，更能够适时适宜地进一步推进幼儿的探究，真正起到积极的推动作用。

表3-1　幼儿活动资料

孩子探索如何制作风筝	教师解读孩子的需要	材料的提供与调整
孩子把纸对折，画上图案并剪下对称图形，在反面用双面胶粘贴竹签，再用透明胶粘贴线来做风筝，但是放飞时稍一用力线就会掉落	孩子在做风筝中发现使用双面胶和透明胶粘贴是不牢固的。原来的认知平衡被打破，与材料产生了新的认知冲突。孩子在寻找使风筝连线能更牢固的办法	教师就在材料中添加了一枚缝衣针

续表

孩子探索如何制作风筝	教师解读孩子的需要	材料的提供与调整
孩子用针线穿过风筝的左右两边，拉出两段线，在风筝的一面打结。这样放飞时确实牢固了，但风筝总会往一边倾斜	孩子认为风筝的左右两边不平衡，发现左右两个针眼不对称，打的结不在两个针眼的中心。孩子想通过左右对称来让风筝达到平衡	教师又在材料中加入了一把尺，同时适时地教孩子一些测量的方法
孩子使用尺来测量，把一个针眼对准“0”，另一个针眼对准另一个数字，在这个数字的半数这里做个记号，同时在这里打上一个结	孩子在使用尺的过程中认识到，一段距离的中心可以通过测量找到	

3. 探究过程：倾听、合作、交流、支架

探究式学习是强调和注重幼儿探究、体验过程的一种学习模式，教师在设计以幼儿自主探究为主的学习过程时，首先应当要充分地倾听幼儿的叙说。幼儿是探索活动中的主体，倾听幼儿的叙说、观察幼儿是教师对幼儿的自主学习给予积极扶持和推进的必要前提。正如李政涛先生所言：“教育的过程是教育者与受教育者相互倾听与应答的过程。……倾听受教育者的叙说是教师的道德责任。”① 其次，教师与幼儿、幼儿与幼儿之间要相互合作与交流。在相互的合作与交流的过程中，探究者各自的想法、思路能够被明晰化、外显化，同时也使每个探究者可以更好地对自己的思维过程进行认知反思和重新的审视与监控；探究者之间的交流、冲突和争议等也有助于激起彼此的灵感，促进新的假设以及更深层次的建构；彼此之间的资源共享也能使相对于单个探究者来说的复杂任务变得更实际可行。最后，教师应当对探究者即幼儿主体进行适时指导和推动。这种过程我们可以用“支架”一词来概括，所谓“支架”，就是指教师为了更好地帮助和推进幼儿的探究，从幼儿的“最近发展区”出发为其搭建一个脚手架，使得幼儿能够顺着教师所提供的支架顺利完成学习任务或走向更深入的探究。

为了更好地阐述和加深对探究式学习过程设计要点的理解，我们可以通过对一个真实教育活动案例的解读来加以深入的分析。

案例：我长大了

那天，教室里格外热闹，原来是卫生老师把昨天孩子们体检的报告单拿来了，孩子们一下子围拢了过来，纷纷拿着写有自己身高、体重数字的报告单煞有介事地看了起来：钱依天大声地读了出来：“我是122厘米，24千克。”妞妞马上说：“我是123，还有23。”刘伯谦说：“不对，不对！应该读一百二十三，还有一个是二十三。”刘心虎也拿着自己的报告单凑了过来：“我是多少？我是多少？”孩子们相互传看，叽叽喳喳、好不热闹。“你多高呀”“我比你高”“你没我重”“我长大了”……孩子们的声音此起彼伏。汪老师观察到了这一切，不失时机地“走向”了孩子们：“你们是不是都知道自己的身高、体重结果了？”在汪老师的建议下，孩子们各自拿着报告单与同伴交流起了

① 李政涛．《倾听着的教育——论教师对学生的倾听．教育理论与实践》，2000（7）。

自己的身高、体重结果……

汪老师："我刚才听到你们在说的时候，有的小朋友说'我长大了'，你们是怎么知道自己长大了呢？"刘伯谦说："我照照镜子，就知道自己长大了。"妞妞说："我过生日的时候妈妈给我买的皮鞋都穿不下了，我就知道自己长大了。"嵇颖说："我现在吃得很多的，我知道我长大了。"……曹思漩说："爷爷带我在马路上称过电子秤，那上面红的灯一亮，有数字出来的，我知道我长大了。"汪老师："你们说了那么多事情，告诉我你们长大了，可是我还是有点不太相信。因为我只看到了你们现在的身高、体重结果，是不是光凭这一张记录纸就能知道长大了没有呢？"孩子们下意识地摇摇头。"那怎么办呢？"汪老师又给孩子们抛出了一个问题，这下孩子们面面相觑，有点被难住了。汪老师笑嘻嘻地问："曹思漩，你还记得爷爷带你去称电子秤的身高、体重结果吗？"曹思漩："我不记得了，但是我家里有一张小卡片的，我回去找。"……

第二天，曹思漩拿出了电子秤记录的身高、体重结果的卡片：121 厘米，21 千克。汪老师问："你有没有长大呢？"曹思漩使劲地点点头。"为什么呢？"汪老师问道。曹思漩说："因为我现在是 123 厘米，24 千克。"这下，孩子们才恍然大悟。在孩子们的要求下，汪老师从卫生老师那儿拿来了他们上学期的身高、体重测量结果，当他们每人拿到一张自己的报告单时，便迫不及待地将两张比较了起来，并交头接耳："我长高了。""我没长高。""我长高了，也长胖了。""我没长胖，但我长高了。"……

这时，汪老师说："卫生老师很想知道我们班到底有多少小朋友长高又长胖了；有多少小朋友长高了，没长胖；有多少小朋友没长高，却长胖了；有多少小朋友没长高，也没长胖，你们有办法吗？"妞妞说："我们把所有的纸都交给卫生老师就知道了。"黄天宇说："我们可以把名字都记下来，记在一张纸上，再交给卫生老师。"李逸云说："这么多名字，怎么记呀？"冯亦磊说："我们可以举手，然后让汪老师记下来的。"……孩子们七嘴八舌地讨论开了。终于，在大多数孩子的同意、支持下，他们达成了一致的意见——由每个小组交出一张记录该组孩子长高、长胖结果的记录纸。接着，又一个问题诞生了："怎么记呢？"在老师的建议下，孩子们分成小组进行讨论……

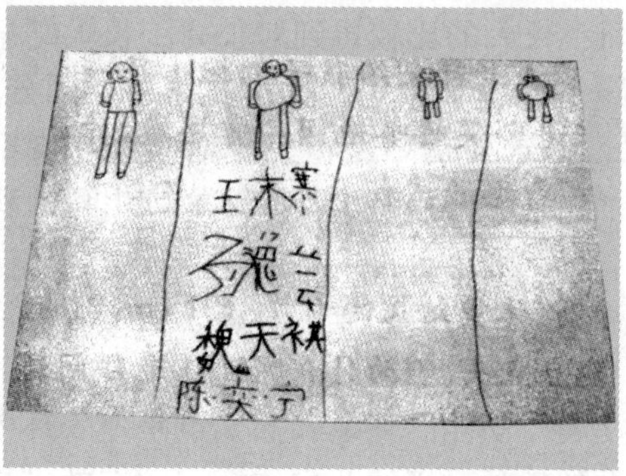

图 3-2　第一小组身高、体重结果记录

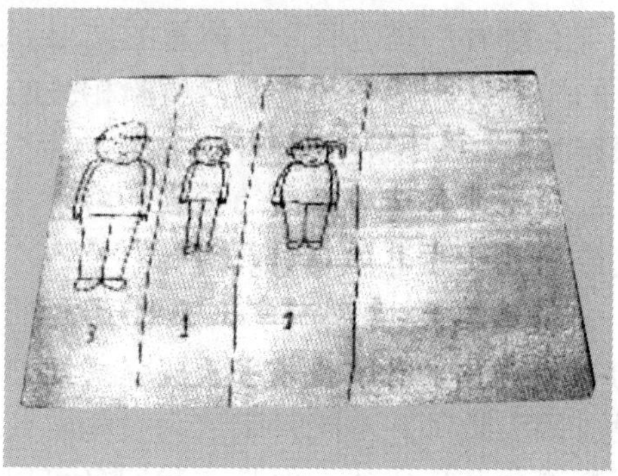

图 3-3　第二小组身高、体重结果记录

经过讨论、协商、争议和妥协的过程，四个小组的记录纸诞生了，如图 3-2、图 3-3、图 3-4、图 3-5 所示。汪老师把四张纸分别贴在黑板上，孩子们又叽叽喳喳地议论起来了："咦！第一组怎么都是长高长胖的？""哇！这么高的人，太好笑了。""第三

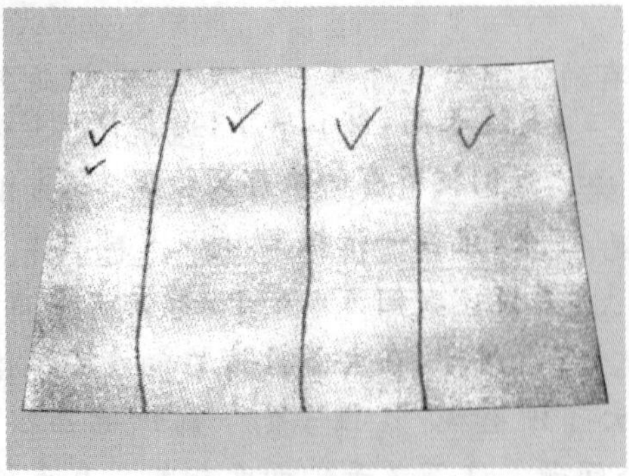

图 3-4　第三小组身高、体重结果记录

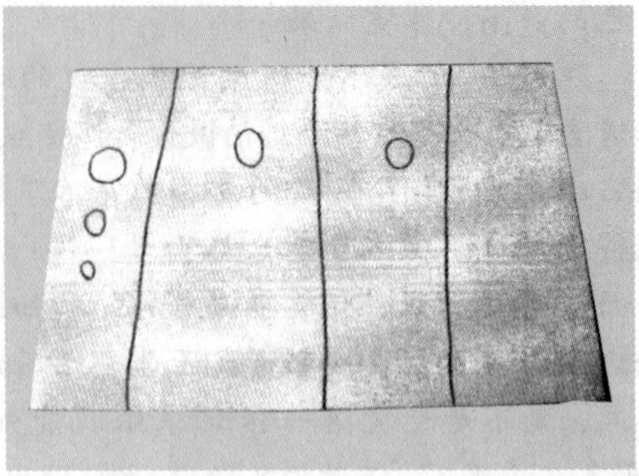

图 3-5　第四小组身高、体重结果记录

组是写名字的，哈哈！”……原来，每组的记录纸所用的统计方法和符号并不一样：第一组用的是打√的方法；第二组用画○的方法表示；第三组则是写名字；而第四组是用写数字的方法来记统计结果的。对于四种分类情况的标志，有两组采用了形象化地画人的方式，另两组则没有设计出标志，仅仅是用直线把统计结果分成了四栏。这时，冯亦磊大声地提议道：“汪老师，我们要把四张加在一起，写在一张大纸上交给卫生老师。”于是，汪老师取出一张大纸，贴在黑板上：“先画什么呢？”刘伯谦：“先要分一分的。”……记录纸被分成了四栏。接着，关于用哪一种分类标志、哪一种统计记录符号，老师和孩子们继续着讨论、协商与合作，直至最后完成这张记录全班幼儿身高、体重；长高、长胖情况的记录纸，如图 3-6 所示。

图 3-6　全体幼儿身高、体重结果记录

围绕着从交流身高、体重的结果到是否长高、长大的比较再到对长高、长大结果统计的探究，在基于幼儿生活经验相关的真实问题情境中，孩子们自由交流、共同分享，而作为教师并没有放弃自己“指导者”的角色，但这种指导是在充分地倾听与观察幼儿、及时地介入和参与幼儿的探究、不断地“支架”和支持幼儿、激发幼儿间的积极交流与互动的过程中实现的。

在这个案例活动的开始，教师对幼儿兴趣和探究点的捕捉非常关键，它是后续活动的一个基础，也是幼儿进入探究式学习的前提。其实，教师对这个活动并没有太多的预设，因为教师并不能肯定活动会朝着什么方向发展，幼儿的兴趣和探究点是随着环境在不断变化和生成的。但是，我们又可以清晰地看到教师对于幼儿主体探究的有效支持和推动：对于“长大”这一略带抽象的概念，幼儿最初的理解和建构是建立在已有知识经验和生活经验基础上的（照镜子、吃得多、鞋子穿不下了等）。如何使幼儿从对概念的表象理解过渡、进入到对概念的抽象理解（通过比较，理解事物间的逻辑关系）呢？教师抛出的一个问题：“是不是光凭一张记录纸上的结果就能知道你长大了呢？”对幼儿颇具挑战性，引发幼儿思考，而当孩子们陷入困惑以至于探究活动有可能“搁浅”时，聪明的教师及时地捕捉到了曹思漩说爷爷带她去称电子秤的回答，巧妙地将其作为一个可以推动幼儿的探究和概念建构的有效契机：“曹思漩，你还记得爷爷带你去称电子秤的身高、体重结果吗?”看似不经意的一个问题，实际上正是教师独具匠心的适时“支架”，它为幼儿学习任务的完成、问题情境的进一步探究提供了一种暂时的支持，使得孩子们在曹思漩取到电子秤的身高、体重结果报告单后，获得了“以两两比较来理解长大”的经验。可以说，这是幼儿获得新经验的过程，也是帮助他们修正以往经验的过程。而这个过程对于幼儿概念的建构是十分有益的，幼儿清晰的概念就是其在经历许多次尝试经验的过程中逐渐形成的。

在介入幼儿的问题探究与讨论的过程中，教师适时的提问是逐渐抛出的（初步性问题：你知道自己的身高、体重结果了吗？拓展性问题：你怎么知道自己长大了？挑战性问题：光凭一张记录纸上的结果就能知道你长大了吗?），它为幼儿提供了一个深入探究与讨论、交流互动与思考的有效平台，如图 3-7 所示。因为每一个幼儿都是在不同的水平上进行学习和建构的，同样的情境，有可能他们会获得不同的经验；因此，教师利用一切可利用的资源和条件对幼儿提出质疑和挑战，将会有助于幼儿在“日常经验”与“科学概念”之间架设起一座桥梁。而在关于班级孩子长高、长胖结果的记录方式的探究和讨论中，教师为幼儿创设了一个自由而开放的小组式学习环境，并没有过多地介入幼儿的活动，这是因为教师非常清楚地意识到除了采用适时的“支架”外，当幼儿能够通过自我学习、相互学习独立完成学习任务时，教师也应及时地减少支架、撤走支架，采用“淡出”策略；当幼儿对“长大”的概念理解陷入僵持、停滞状态时，需要教师的适时介入、有效支架；而当幼儿（基于他们的已有经验）对记录的方式、符号和标记表现出独立的探索和完成能力时，教师则应适时地撤去支架、逐渐淡出。教师的支架是幼儿实现独立的条件，而幼儿的独立又是教师追求的目标。在此，教师的支架相对于幼儿能力的发展来说既是必要的，也是暂时的。

4. 探究结果：以形成性评价为主

对于活动结果的评价是幼儿园教育活动设计中必不可少的一个环节，在探究式学习活动中，对于探究结果，不能完全用一个量化的、统一的评判标准来评价，更不能把是否探究出结果或结果是否正确作为唯一或最主要的评价指标。探究式学习的价值和宗旨是为了促进幼儿探究能力和素质的提高，因此，探究式学习的评价目的也是根植于这一价值取向的。

从评价的内容来看，首先是对幼儿探究行为和能力的评价。虽然幼儿的探究行为和能力水平往往会从其探究结果中表现出来，但评价幼儿的探究能力却不能仅仅从结果出发，结果所表现出来的只是幼儿探究能力的一部分，而其他的部分，或者说最有价值的部分恰恰是表现在幼儿探究过程之中的对探究过程以及方法的理解和运用能力，如幼儿与同伴合作交往的能力、搜集和分析资料的能力、预测和归纳信息的能力、将间接经验运用于实践问题的能力等。这里有一段教师的评价记录：

晨晨是班里最能干、知识面最广的孩子。在搭建“桥”的活动中，他和同伴合作计划搭建一座规模庞大的“公路桥”。他们花了两周的时间，几经修改甚至推翻重建，

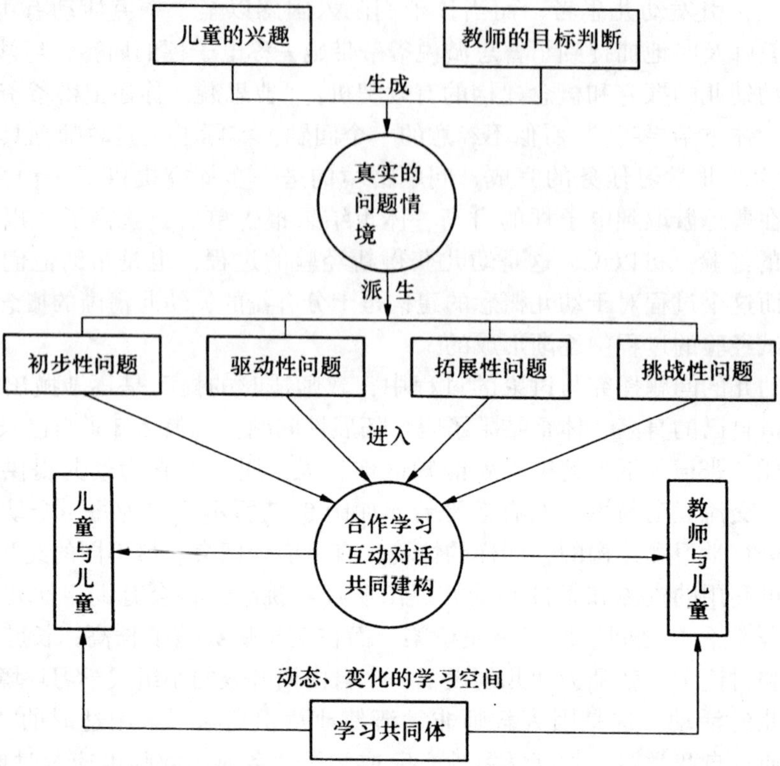

图 3-7　案例“我长大了”活动流程

最后还是没有建成一座令他们满意的“公路桥”。我发现他们的问题首先是不会合作，晨晨是一个很有想法的孩子，但是他所在小组中的其他成员都很有个性，在合作中他们不断发生矛盾。他们都能想出各种各样的点子来，虽常常会有惊人之举，但却无法达成共识。

教师在这段文字记录中对晨晨探究过程中的合作能力给予了记录式的评价，这样的评价，从方法来看，是一种过程性的、形成性的评价，它注重的是幼儿自主学习和探索过程中的方方面面，包括其探索兴趣、探索行为、态度以及能力等，可见，从这样一种价值追求出发，“幼儿成长档案记录”式的评价不失为一种较合理而可行的方法。

知识点 4　合作式学习模式

“合作式学习”是近十几年来世界上许多国家和学校普遍采用和实践的一种富有创意和实效的教学理论和策略体系。它是以“合作”（cooperative）为基点，针对传统教学忽视同伴相互作用的弊端，以改善和促进课堂活动的集体氛围，加强学生良好的非认知心理品质，为达成特定的共同目标而展开的一种高效的学习形式。

一、合作式学习概述

“合作式学习”作为一种教学理念和实施策略，其发展和研究的历史迄今已有几十年。在其发展的过程中，不仅对其概念的认识和表述可谓千姿百态、特色各异，而且在其应用于教育教学改革的过程中也呈现出了不同的特色和价值追求。

1. 合作式学习的含义

我国学者王坦从20世纪90年代初开始从事对合作式学习的理论与实践的研究，他认为：“合作式学习是一种旨在促进学生在异质小组中互助合作，达成共同的学习目标，并以小组的总体成绩为奖励依据的教学策略体系。”

美国著名社会心理学家、合作式学习的主要倡导者和代表人物斯莱文（Slavin. R. E.）教授认为：“合作式学习是指使学生在小组中从事学习活动，并依据他们整个小组的成绩获取奖励或认可的课堂教学技术。”

美国明尼苏达大学合作式学习中心（Cooperative Learning Centre）的约翰逊兄弟俩（Johnson. D. W. & Johnson. R. T.）认为：“合作式学习就是在教学上运用小组，使学生共同活动以最大限度地促进他们自己以及他人的学习。”

美国肯塔基大学教授、“合作掌握学习”（Cooperative Mastery Learning）理论的主要代表人物嘎斯基（Guskey. T. R.）认为：“从本质上讲，合作式学习是一种教学形式，它要求学生在一些由2~6人组成的异质小组（heterogeneousgroup）中一起从事学习活动，共同完成教师分配的学习任务。在每个小组中，学生们通常从事于各种需要合作和互助的学习活动。”

从以上几种关于合作式学习的典型定义中我们可以看到，要理解合作式学习的内涵，必须把握好以下几个要点：

- 合作式学习是以合作性互动（Cooperative Intcraction）为动力资源的教学活动，它强调教学活动中各个动态因素间都保持积极互动以推进教学过程；
- 合作式学习是以学习小组为基本形式的教学活动，而且这种小组更强调异质性，即小组成员在性别、成绩、能力、背景等方面具有一定的差异；
- 合作式学习是以团体成绩为奖励和评价依据的教学活动，这种评价和奖励依据有助于促使和保证小组内的充分合作，使学生在小组内务尽所能，得到最大程度的发展；
- 合作式学习是以共同目标达成为导向的教学活动，整个教学活动围绕着达成特定的目标而展开的一系列教学环节。

总之，合作式学习是依据现代社会心理学、教育学、教学论、教育技术学等理论为基础，以最大限度地开发和利用教学活动中人的关系为基点，以共同目标的设计和达成为先导，以互动合作为基本动力，以小组合作为基本形式的一种教学策略和学习模式。

2. 合作式学习运用于幼儿园教育活动的价值及意义

在幼儿园教育活动中的合作式学习模式，是指教师为帮助幼儿达成一定的活动目标，以异质小组成员互动为基本组织形式，以充分调动教育活动各动态因素的合作共享为动力资源，体现合作的精神与运用合作的策略相结合的一种教育活动样式。随着学前教育改革以及幼儿园新课程实施的不断推进，合作式学习的理念以及实践运用也正逐渐成为幼儿园教育中的一大“亮点”，越来越多的教师在教学活动中设计并运用了合作式学习这一教学策略，并形成了不少生动而可行的实践案例。但是，幼儿园教育活动是一种既具有教学活动的一般特征但又不等同于教学的活动，因此，运用于幼儿园教育活动中的合作式学习会表现出不完全等同于原有概念的一些特点。这种活动模式应用于幼儿园教育活动设计中的价值和意义主要表现在：

（1）促进幼儿自学、乐学　一方面，由于合作式学习打破了原来以教师为中心的教学活动模式，要求幼儿作为一个合作共同体中独立的一分子参与和加入学习。在小组成员间以及教师与幼儿间的多边立体的互动合作中，幼儿的学习主动性和独立性被大大地唤醒了。合作式学习给予了幼儿更多的权利和自由，让幼儿自己去发现问题、积极寻找解决的途径、主动与他人交流互动、及时接纳他人的意见并调整自己。另一方面，合作式学习的倡导者认为，学习应该是满足个体内部需要的过程，只有愿意学，才能学得好。他们提倡把幼儿的学习建立在满足幼儿心理需要的基础之上，注重学习过程中非认知因素的作用。因此，合作式学习可以使幼儿在相互交流、相互倾听、相互尊重的合作氛围中体验到学习的愉悦和乐趣，增强他们的归属感、认同感。

（2）有助于建立和谐融洽的师幼关系　由于合作式学习将幼儿园教育活动视为各动态因素多边互动的活动过程，同时较以往传统的教育活动来说更强调幼儿间的互动合作，因而教师与幼儿间的关系就与以往的活动模式大不相同，教师不再是活动的指挥者和权威，而是加入幼儿活动的一个参与者、合作者和欣赏者。这种教师角色的科学定位和合理转化使得幼儿的主体意识得到更强的释放，一种良性的教学活动机制得以建立，一种平等、自由、融洽的学习环境得以生成。

（3）促进幼儿形成合作的意识，提高合作的能力　合作，与竞争一样，是人类社会赖以生存和发展的重要动力，从社会发展的角度而言，人类的大部分活动都可以说是合作性的。对于今天的幼儿来说，他们将要面对的是一个多元、复杂、多变而互赖的社会，因此，将合作的观念引入教学系统、将合作的精神带给幼儿，不仅是时代的要求，也是幼儿发展的需要。在促进幼儿发展和成长的过程中，作为教师和家长不能仅仅停留在考虑促进幼儿掌握知识和技能的水平上，而应当更多考虑如何使幼儿能够将其所学知识和技能应用于合作的情境之中，更好地培养和促进其社会性的发展。正如合作式学习的重要代表人物约翰逊兄弟所说：“如果学生不能够把所学的知识和技能应用于与他人的合作性互动之中的话，那么这些知识和技能都是无用的……这种教育是失败的。”

合作式的学习和教学活动，有助于幼儿克服以自我为中心的倾向，培养自尊、自信、自强的自我意识和合群、接纳、分享的社会交往品质与能力。同时，合作式学习也创设了一种具有活力的、动态的合作情境，它在不经意中向幼儿灌输了一种社会观念，即每个人都是一个丰富而多彩的世界，每个人都有他自己独特的过人之处并且能够成为身边同伴宝贵的学习资源。

二、合作式学习的类型

从合作式学习的基本概念来看，互动是体现这一学习模式的最主要特征之一。因此，我们可以将运用于幼儿园教育活动设计中的合作式学习大致分为三种类型。

1. **幼幼互动为主的合作式学习**

所谓幼幼互动为主的合作式学习，是指在幼儿园教育活动中，教师创设一个以异质小组为单位的幼儿学习小组，鼓励小组成员积极交流、共同合作并完成一定的学习目标的教育活动形式。它与前一种合作式学习模式相比，更强调的是幼儿间的互动和共同学习过程，体现同伴间的经验共享和社会建构。

随着我国学前教育改革的深入，社会建构主义理论也逐渐"深入人心"，它使我们认识到幼儿的学习并不是一个孤立的认知过程，而是一种合作、交往的活动，学习也不是幼儿对知识的记载和吸收，而是幼儿与同伴、成人共同建构和分享的活动。基于此，在幼儿园教育活动设计中，教师们正努力为幼儿创设小组学习、合作分享和共同建构的环境并积极推进和保证幼儿间更充分的互动交流，这种鼓励幼儿充分合作的"课堂"与以往的"课堂"相比，表现出一些明显的不同（见表3-2）。

表3-2　两类"课堂"不同特征比较

	不合作的"课堂"	鼓励合作的"课堂"
教师	占有中心、权威地位，承担传授、指令、分配者的角色	不占有中心、权威地位，承担欣赏、观察、激励者的角色
幼儿	指向教师/材料/环境	指向教师/幼儿/材料/环境
教师对儿童的要求	自己完成自己的，不要去管别人	可以和同伴商量、交流
	不要交头接耳	大家一起来想想办法
	有什么问题和需要举手告诉老师	告诉大家自己的想法和意见
幼儿的表现和情绪	为获得外在的奖励（小红花、五角星等）和表扬争着吸引老师的注意	积极主动地与小组成员交流、协商，希望得到同伴的接纳、肯定和赞许

当前，幼幼互动为主的合作式学习已经越来越渗透于不同类型的幼儿园教育活动之中，既有集体活动中的幼幼互动，也有区角活动、自由活动、游戏活动中的幼幼互动；既有渗透于学习活动中的，也有表现在生活活动、体育活动中的。作为教师，在集体教育活动的设计中，尽量为幼儿创设异质小组的互动合作式学习，使幼儿的概念建构建立在经验共享和充分的交流与对话的基础上。不仅如此，教师还应当及时地捕捉来自于集体学习活动之外的可促进幼儿充分互动的合作式学习契机，并给予积极的扶持和推动，以下就是一个成功的案例。

案例：纸桥

活动发生在幼儿自由选择的区域活动时间段中，有四名幼儿参加。桌子上放着两个塑料框，里面分别放着一些积木和塑料雪花片。这是孩子们早已"司空见惯"的搭建材料，单独的"搭积木"和"插雪花片"活动显然很难引起孩子们更大的兴趣。果然，他们不由自主地开始了自己新的尝试和探索：刘伯谦用两根积木竖起来，拿起玩具柜上的一张纸，搭在上面，把雪花片一片一片地堆上去，边堆边叫："看，我的雪花片不会掉下来的。"他的叫声引起了边上在"搭积木"和"插雪花片"的冯亦磊、嵇颖和顾心瑜的好奇，他们都围拢了过来。顾心瑜说："这是一座纸桥。"嵇颖说："我也会搭。"

她边说边把两根积木竖起来，拿起同样的一张纸，搭在上面，把雪花片一片一片地堆上去。可是没放了几片，顾心瑜就叫了起来："弯了！弯了！"刘伯谦说："不行，你的两根积木离得太远了，中间没有撑住，雪花片要掉下来的。"嵇颖看了看刘伯谦搭的"纸桥"，把自己搭的推倒，按照他所说的重新搭。

在旁边看着的冯亦磊突然说："我知道了，你的纸头太薄了，所以会弯的。用硬一点的纸头肯定牢。"冯亦磊向顾老师要了一张硬一点的纸，顾老师给了他一张铅画纸，他用铅画纸替换掉了原来的那张白纸。孩子们七手八脚地往上面放雪花片，没放多少，雪花片就掉落下来了，冯亦磊急了："不行！不行！纸头太大了。"他把铅画纸对折了一下，孩子们继续往上面放雪花片，可是铅画纸上的雪花片在滑动，顾心瑜说："不行的，纸头翘起来了。"冯亦磊说："我有办法了。"说着，跑向玩具柜拿来一把剪刀，把铅画纸剪成了两张，说："现在可以放了。"孩子们往上面放雪花片，顾心瑜说："我们动作要轻一点的。"刘伯谦说："要往中间放。"冯亦磊说："我们大家说好，先放两边，再放中间好吗?"最后，四位幼儿采纳了冯亦磊的意见，大家轮流着小心地往"纸桥"上左右对称地一片一片地放雪花片。

在一边观察他们活动的顾老师插话了："你们有什么好办法使纸桥又牢、放的雪花片又多呢?"孩子们看着自己的作品讨论开了。嵇颖说："纸头要硬一点，桥就牢了。"刘伯谦说："两根积木要靠得近一点，桥就牢了。"顾心瑜说："雪花片要靠中间放，桥就牢了。"冯亦磊说："还有，我知道了，两根积木不够，我有办法使桥的底座更牢。"说着，他从塑料框里又找出两根积木。当他准备把原来的"纸桥"拆掉再搭时，顾老师建议他不要拆，在旁边重新再搭一座"纸桥"。冯亦磊竖起了四根积木，把铅画纸覆盖上去，刘伯谦发现了塑料框里更粗的积木，边拿边叫："用这种积木吧，这个更粗、更牢。"冯亦磊转头接过这根积木，顾心瑜、嵇颖忙着在塑料框里找寻同样粗的积木，终于，四根同样粗的积木找到了，孩子们的脸上洋溢着兴奋的神情，一座新的"纸桥"诞生了。他们小心地往上面放雪花片。

从这个活动中我们可以看到，每个幼儿在与材料的互动中有着不同的感受和理解，他们相互交流、相互影响、相互争论、相互妥协、相互协调。在这种有意义的"对话"和"交流合作"式的学习过程中，每个孩子都在用自己已有的经验进行认知，正是他们之间的不同认知冲突导致他们争议、动手实践、尝试、猜测和推理。与此同时，促进幼儿经历积极有效思维过程的学习活动也就自然地生成了。

每个幼儿的认知水平是不同的，他们往往是在自己原有的认知水平上进行建构(见表3-3)，他们已有的知识和经验对新知识学习的影响也往往表现出不同的形式：顾心瑜一看到刘伯谦的"作品"就脱口而出"纸桥"，显然她已经能够用语言来概括和表达她的思维过程。而嵇颖的反应就是模仿着搭，虽然这也是一种学习，但她只是在复制他人的搭建，其思维水平仅停留在"匹配"的层次上；而对于"要使雪花片又多又不掉下来，必须既要轻放，又要对称着放"这样一个概念，不同认知水平的幼儿起初的理解也是不同的，顾心瑜的理解是"轻放"、刘伯谦的理解是"往中间放"、冯亦磊的理解是"还要对称着放，先放两边，再放中间"。

表 3-3 案例“纸桥”小组幼儿概念建构解析

姓　名	认知水平	行为表现
刘伯谦	水平 1：用两根保持一定距离的积木和一张纸，往上面放雪花片，不会掉下来	饶有兴趣地尝试搭建与摆放
顾心瑜	水平 2：能从外观上判别，并给出“纸桥”的命名	欣赏并积极介入、发表自己的想法、意见
嵇颖	水平 0：认为有了积木、纸片就可以搭起纸桥，对两者之间的关系缺乏认知	模仿着搭，但失败
冯亦磊	水平 3：能认识到除了积木间的距离，纸张的厚薄也是影响纸桥的因素	向教师要求找一张更坚硬的纸替代原来的纸

概念是一种抽象的逻辑关系，是幼儿所理解的事物运作的条件和关系，在这个案例中的概念可以说是两者互为条件、缺一不可的。正是基于幼儿之间的认知冲突以及随之产生的充分互动，促进着他们对概念的理解，即针对重要的现象与属性（如何使雪花片不掉下来，如何保持纸张平整、达到平衡）进行批判性的验证活动，在幼儿自己的动手实践和不断地尝试、验证的过程中共同地建构起新的概念，同时，每个幼儿也在不断地与材料、同伴以及成人的对话与互动中调整和修正自己的认知。

作为这个案例中的教师，并不是一个无所事事的旁观者，而是一个敏锐但又不失立场的观察者。当教师发现某个幼儿对一种早已“司空见惯”的材料突然萌发出一种新的操作冲动时，当其他的幼儿也被这种新的游戏和操作所吸引时，一个基于幼儿共同兴趣之上的能引发他们互动合作和共同建构的学习背景就自然地产生了。由幼儿兴趣点上生成的探究活动能够有效地激发起他们内在的学习动机，它为幼儿进入主动学习提供了一个有效前提。而在充分支持和保证幼儿之间的主动探究和积极互动的同时，为了更好地推进幼儿的概念建构过程，教师与幼儿之间的对话和互动交流也是必不可少的。譬如教师在关键时刻适时介入的提问：“你们有什么好办法使纸桥又牢、放的雪花片又多呢?”在不干扰幼儿自主建构的前提下，教师这一问题情境的设置无疑为幼儿的学习和意义建构起到了“推波助澜”的作用。它很好地把握住了教育的契机，使幼儿偶发性的、目的性并不明确的学习活动在教师的介入和推进下成为一个有意义的、促进幼儿交流和共同建构的学习过程。

教师的介入看似简单、平常，其实却是谨慎而巧妙的，它不是一种自上而下的“倾泻”或灌输，而是建立在与幼儿合作式学习、共同建构基础上的“垂直性互动”。同时，问题本身又能促使孩子们在一定的情境讨论中把事物放在关系中进行逻辑思考和推断：导致“纸桥又牢、放的雪花片又多”这一结果的因素是哪些呢？在基于幼儿日常生活和来自于同伴经验的迁移性学习而获得的讨论和对话中，孩子们不仅重构了已有的认知，而且还生成了新的问题情境——怎样使桥的底座更牢？孩子们的兴趣和注意又一次高涨起来，这时候，教师又适时地介入：建议幼儿不要推翻原来的“纸桥”而再搭一座。教师的这一建议是以合作者的身份、以一种协商的口吻而提出的，它蕴涵着教师的教育智慧，因为从孩子们的语言交流和行动中教师已经敏锐地预期到了可能发生和进一步推进的活动情境，她的建议不仅为幼儿的后续学习和活动埋下了伏笔，同时又一次把幼儿推向新的问题情境的探究与讨论中。

这是一个以幼幼互动为主的合作式学习案例，但其中也有师幼间的互动，相对来说，幼儿之间的互动要比幼儿与教师之间的互动更自由、更开放、更平等。哈泰帕（Harup. W.，1989）在关于合作式学习的研究中把处于同年龄层的幼儿之间的合作式学习称为“水平性互动”（Horizontal Interaction），它的作用要优于教师与幼儿间的“垂直性互动”（Vertial Interaction）的作用，这是因为幼儿能在合作互动中共享某些特定的观点和生活经验，而异质的同伴组合可以“通过幼儿之间略有差异的视点与认识的碰撞产生内部的认知矛盾，而这种认知矛盾的解决将会引起每一个个体内部的知识的重新建构”。

2. 师幼互动为主的合作式学习

所谓师幼互动为主的合作式学习，是指在幼儿园教育活动中，教师作为一个合作者和参与者加入幼儿的学习和探究过程，并在活动进程中即时地、不断地与幼儿进行对话、协商、质疑或建议，以推动和扶持的方式“指导”幼儿的学习。一般来说，这种形式的合作式学习指向的是幼儿个体，因而在幼儿的区角活动中比较多见。

对教师来说，师幼互动为主的合作式学习要求教师完全投入，而这一点无论是在区域活动还是集体教学活动中都是很难做到的，教师不可能单独面对一个幼儿，这给师幼互动为主的合作式学习的实施带来了一定的困难，也对教师的工作提出了更高的挑战。但是，在一定的单位时间和学习片段中，这种师幼互动的合作式学习对推进幼儿的学习和探究、鼓励幼儿的自我学习、建立轻松和谐的学习氛围等无疑是积极而有效的。

宋庆龄幼儿园的陈磊老师在她的《体验孩子：区域活动案例》一书中曾经描述了一个案例，记录了在科常区认识磁铁活动中她与昆昆的一段互动学习过程。在这个以幼儿自我探索和主动学习为主的活动案例中，老师始终以一个平等的合作伙伴身份在“指导”和“引领”幼儿的学习，并在幼儿的主动学习中及时地给予互动、回应和提携。

第一次：昆昆在轻易掌握用磁铁找赤豆盘中大头针的技能后，开始转移注意力，进行无目的的玩耍时，我用“想不想用磁铁帮忙来做些其他事情”一句话重新唤起了他的探索热情……第二次：在昆昆用磁铁将矿泉水瓶中已串联好的回形针往瓶口方向吸，但始终无法将回形针吸过瓶身而万分无助时，我建议他“你要试试看，沿着瓶子的哪一面往上吸，回形针才不会掉下来”，顿时，他豁然开朗，变换了思考的角度，用新的方法尝试操作后，又向着新的探索前进了……第三次：当昆昆经历多次失败而失去信心时，我说：“我和你一起来想想办法。”并及时提供了他解决问题所需要的工具材料。

透过这段文字记录，我们可以很真切地看到一个师幼积极互动和回应的活动场景，在这样的互动和合作交流中，幼儿的学习和探究不仅自然生成，而且深刻而有效。

3. 全员互动为主的合作式学习

所谓全员互动为主的合作式学习，是指在教育活动中教师与幼儿组成一个学习者共同体，在这个共同体中，每一个成员都积极地互动、互赖，共享经验、合作交流，以共同完成一定的学习目标和任务。与前两种合作式学习类型相比，全员互动式的合作式学习更多地体现出了“多向互动”的特点，它可以较多出现在集体活动中，但也可以落实在小组的区域活动中。

合作式学习所追求的互动是教师、幼儿、材料以及幼儿园、家庭、社区等环境的全面互动，它体现的是教育活动各动态因素的彼此影响，它们都是教育活动系统中尚待进一步开发的宝贵的资源；而作为幼儿园教育活动，不仅仅是教师与幼儿之间的双边活动，而是各动态因素之间多边互动的统一体。

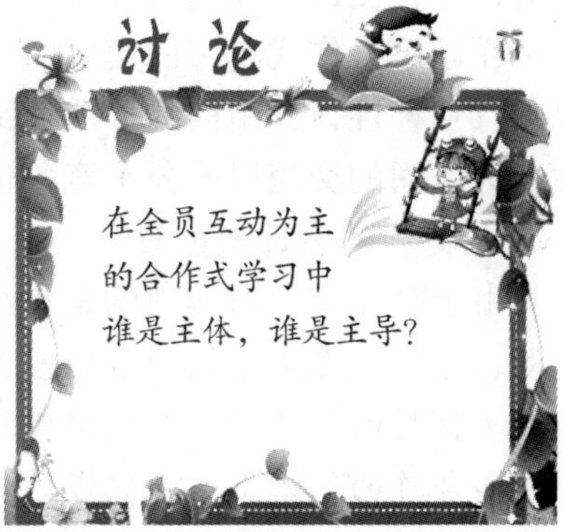

全员互动为主的合作式学习中的每个成员（包括幼儿、教师）都是一个平等的合作者、参与者。因此，这其中的师幼互动不是一种简单的上行或下行的互动，而是一种横向的互动。教师参与在幼儿的学习小组中，始终以相同的角色身份和态度加入幼儿的学习，即使教师比幼儿具备更多的认知经验、拥有更强的策略意识等，但在与幼儿就某个主题或探究内容展开学习的过程中，也应当隐藏起自身的教师身份，在平等地参与幼儿的讨论或动手操作等活动中以协商者的口吻、建议者的态度、鼓动者的语言去发表意见、给予暗示或引导深入。作为教师，必须时刻注意其“特殊”的角色身份，只有具备了这一明确的角色意识，才可能使学习者共同体间的互动合作得以实现，而教师对这一学习模式的支持和指导也就能在理想的学习情境中得以落实。

三、合作式学习活动的设计

1. 活动空间和时间的安排

合作式学习的空间环境与传统教学活动区别较大：首先，它的空间布置不同于传统教育活动惯常采用的“稻田式”“马蹄形”或“半圆区”等，教师处于空间上的绝对“权威”地位，而是改为更自由、更开放式的“田字格”“扇形区”或“灵活组合形”，在空间上缩短了幼儿之间的距离，更利于他们小组间的交流和走动；其次，合作式学习允许幼儿在合作过程中共享一个开放式的学习群体环境，如小组合作中产生的对学习材料或工具的需要和自行的取放等，当然，各小组之间还是力求保持一定的空间距离，以互不影响和干扰为前提。

在时间的安排上，合作式学习是以保证幼儿的充分互动和交流为基点的，因此，首先应当摒弃的是为合作而合作的“形式”，即为了追求合作式的学习，而机械地套用合作的模式，在统一的时间里开始，又在统一的时间中必须终止的小组合作式活动；此外，时间的安排应当体现灵活性、开放性，即根据幼儿小组学习的内容、形式、幼儿的活动状态、情绪反应进行灵活的安排和调整。

2. 异质成员的分组

从合作式学习的基本特质来看，为了保证小组学习的充分交流和积极互赖，实现幼幼互动的一个最基本和重要的方式，就是把幼儿分成一个个学习小组。而这种小组既不同于传统教学中如“兴趣小组”式的同质分组，也不是幼儿间随意的、自然的合作。所谓异质分组，就是把性别、能力、学习风格、个性以及家庭背景等方面存在差异的幼儿放在同一个学习小组内，通过小组内成员间的互补、互动以及产生认知冲突和调整重构的过程，促进幼儿的自我学习和相互学习，从而更好地发挥小组的作用。

在运用合作式学习的模式时，采用异质小组是其根本特色，它不仅使小组成员的构成具有互补性，为组内的异质互助合作奠定了基础，也使全班各合作小组之间具有同质性。为组间的交流以及公平竞争创造了条件。

3. 材料的设计与投放

由于合作式学习体现的是小组成员的共同学习，因此，从促进小组有效学习和积极互动、建立互赖关系的角度出发，教师对材料的设计和投放要体现以下几个特点：

- 材料的互赖性，是指提供给一个学习小组的材料本身是需要小组成员间在一定的分工和合作的基础上才能完成的。
- 材料的合作性，即供给每个学习小组一份材料，让小组成员共同讨论、共同探究或操作实践。
- 材料的灵活性，教师提供给小组学习的材料，可以由学习小组商量讨论对材料进行灵活的变通或调整、分配。譬如一个语言材料，可以由小组成员对材料先进行角色分工和合作，再予以综合；一个有关科学探究的材料，也可以由小组成员在任务分配的同时对材料进行分解等。
- 材料的开放性，是指教师在提供给学习小组探究的材料时，还应考虑到材料本身的拓展性和开放性，便于幼儿在使用和操作、探究材料的过程中，在与之产生一定的互动过程中形成对材料的开放性使用和操作，即产生不同于其他学习小组的独特的想法和尝试。

4. 互赖行为的鼓励与支持

《幼儿园教育指导纲要》（试行）明确提出要“为幼儿提供健康、丰富的生活和活动环境”。作为教育活动，应当努力去满足幼儿运动的需要、与同伴交往的需要、探索环境的需要和表现表达的需要等，而合作式学习能够在满足幼儿上述需要方面发挥其重要的作用和价值，进而真正有效地促进幼儿的主体性发展和社会化进程。

在小组式的合作式学习中，每一个幼儿都是一个独立而独特的学习个体，他们既是在一定的环境和材料的作用下进行自我学习，也是在同伴、教师、他人的影响下进行共同学习。在一个幼儿充分合作的社会性学习环境中，各个独立个体的目标是非常紧密地联系在一起的，因此，为了达成共同的目标，个体之间的行动和探索行为是积极互赖的。作为教师，在运用合作式学习模式与策略的过程中，不仅应当为幼儿提供促进其小组合作和积极互动的环境与条件，更应当鼓励幼儿的互赖行为。包括幼儿在小组中的角色分工、相互协商以及一定的妥协与调整等，尤其对于自我意识更强的年幼幼儿，教师的鼓励和支持不仅能够使他们逐渐学会合作，且能慢慢体会到合作的成功与乐趣。

每章一练

1. 试述探究式学习模式运用于幼儿园教育活动的意义与价值。

2. 如何理解合作式学习中的教师作用？

3. 体验式学习具有哪些基本特征？

4. 以某一主题为内容，用合作式学习模式设计一则教育活动。

5. 如何理解探究式学习模式与合作式学习模式在幼儿园教育活动设计中的相互关系？

6. 谈谈你对接受式学习模式在幼儿园教育活动中运用的基本认识。

第四章 幼儿园教育活动手段的选择与运用

本章概述

本章将着重从幼儿园教育的基本方法和五领域教育方法两个方面进行分析。适宜的教育方法，不仅能使教育目标有效达成，而且能使教学变得生动有趣，富有成效。因此，幼儿教师必须认识不同的教学方法。

教学目标

1. 学习幼儿园教育的基本方法，熟悉并掌握五领域教育的主要方法。

2. 能对活动案例中的教育方法进行分析，体验其不同的教育价值。

3. 积极、主动地参加能力训练，进一步提高自己的实践操作能力。

4. 尝试根据不同的内容，选择适宜的教育方法。

知识点 1 幼儿园教育方法概述

适宜的教育方法，不仅能促使教育目标有效达成，而且能使教学变得生动有趣，富有成效。因此，幼儿教师必须认识不同的教学方法。在这里，我们把适用于各个领域教育活动的方法统称为幼儿园教育活动的一般方法。把有些仅仅适用于某些领域的教育活动的方法，称为五领域教育方法。下面，我们将根据案例，从幼儿园教育的基本方法和五领域教育方法两个方面进行分析。

案例：袜子乐

活动目标：

1. 认识袜子的袜口、袜跟、袜头。

2. 学习儿歌，并能根据儿歌提示学会穿袜子，掌握穿袜子的特点：袜跟朝下张开口。

3. 懂得自己的事情自己做，培养生活自理能力。

活动准备：

1. 各种各样的袜子若干。

2. 每人准备一双干净袜子，面前放一块泡沫拼板。

3. 阳台的绳子上挂若干夹子。

活动过程：

1. 导入

(1) 游戏“在哪里”。老师：纽扣纽扣在哪里？幼儿：纽扣纽扣在这里。

(2) “袜子袜子在哪里？原来袜子在小朋友的脚上，躲在我们的鞋子里！我们把鞋子脱下来看看。”提醒幼儿将鞋放在板凳下休息，学会有序摆放物品。

(3) 我们为什么要穿袜子呀？

2. 认识袜子

(1) 老师出示各种袜子，请幼儿说说它们的区别。

(2) 认识袜口、袜跟、袜头。

老师：“袜头袜头在哪里？”幼儿指袜头答：“袜头袜头在这里。”老师：“袜头套住哪里？”幼儿：“袜头套住脚趾头。”

3. 穿袜子

(1) 老师：“今天早上你的袜子是谁帮忙穿的？我们已经长大了，要学会自己的事情自己做。今天我们就来学穿袜子。”

(2) 请幼儿从篓子里找回自己的袜子，巩固认识袜口、袜跟、袜头。再次复习游戏：“袜头袜头在哪里……”

(3) 老师：“我也来穿袜子！”教师故意穿反，请幼儿帮忙检查，发现穿对袜子的关键在于：袜跟朝下张开口。

幼儿一起念儿歌，指导教师正确穿袜子。（儿歌：袜跟朝下张开口，小脚轻轻往里游，袜头套住脚趾头，袜跟套住脚后跟，轻轻一拉穿好了。)

(4) 幼儿练习，边穿边念。提醒幼儿：①脱下脏袜子，卷起来放在鞋子里，不到处乱放。②袜跟朝下张开口。

(5) 请幼儿相互检查，若发现错误，请大家和穿错的孩子一起纠正。小结：小朋友终于学会穿袜子了！真能干！

4. 洗袜子

(1) 幼儿穿好袜子、鞋子。“留在这里的脏袜子怎么办呢？让我们自己来洗袜子吧！”

(2) 请幼儿到盥洗室把袜子洗干净，拧干水，去阳台用夹子夹住袜口晾起来。

请同学们说一说在这个活动里，教师运用了哪些教育方法？

知识点 2 幼儿园教育活动的方法

一、口语类

口语类的方法是指以教师的口语表述为主，通过教师有目的地运用语言去讲解知识、交流经验、传递信息、沟通认识、组织活动，帮助幼儿获得间接知识经验的一种方法。口语类的方法主要包括讲解法、讨论法、谈话法。这类方法可以运用于所有领域的教育活动。

讲解法是教师用幼儿能理解的语言来解释和说明某事某物的方法。

讨论法是幼儿在教师的指导下就某个问题交换看法、互相启发的一种教育方法。讨论的方式有二人讨论、小组讨论、全班讨论三种。

谈话法是教师通过口头问答的形式，启发幼儿积极思维的教育方法。谈话是由教师提出问题和幼儿回答问题组成，也可由幼儿提出问题，教师来回答。

二、活动类

活动类的方法指的是以幼儿自主活动为主的一种方法，包括帮助幼儿获得直接经验的观察法、操作法、练习法、游戏法、探索法、参观法、调查法、表达法，这些方法都强调幼儿的亲自参与操作和实践。

观察法是指幼儿在教师的指导下，有目的、有计划地感知客观事物的主要特征、变化的方式。观察是幼儿认识周围世界、取得直接经验的重要途径，是幼儿园教育的基本方法。观察符合幼儿的认识规律和幼儿的认知特点，幼儿园各项活动都离不开观察。

操作法、练习法是幼儿在教师指导下，通过操作练习巩固知识、掌握技能的方法。由于幼儿园集体练习时间较短，而且不易指导，所以，在游戏、日常生活中应多安排小组的、个别的练习活动，以取得良好的教育效果。

游戏法是指教师采用游戏或以游戏的口吻进行教育教学的方法，是幼儿园教育的主要方法。无论是哪个领域，都会经常用到游戏的方法。游戏法可提高幼儿学习的兴趣，集中幼儿注意力，促进各种感觉器官和大脑积极活动，提高活动的效率。在教育教学中经常采用智力游戏、音乐游戏、体育游戏等。

探索法（发现法）是指教师提供给幼儿进行发现的活动材料，使他们通过自己的探索尝试过程，自行发现问题和解决问题的方法。探索法容易引起幼儿的兴趣和内在的活动动机，有益于幼儿主动性和积极性的发挥，有利于幼儿智力、创造力的发展，还能丰富扩大幼儿的经验，并使经验易于记忆、迁移和运用。

讨论

请将下列教育活动按幼儿教育方法进行分类：1. 叠纸飞机；2. 热爱地球；3. 发声的机器。

三、直观类

直观类的方法指的是通过运用直观手段，引导幼儿获取感性认识、帮助幼儿获得直接经验的一类方法。此类方法主要包括演示法、示范法、电化教学法。

演示法是教师通过向幼儿展示各种实物或直观教具，使幼儿获得关于某一事物或现象的感性认识的方法。语言、社会、科学领域的教育活动常采用这类方法。

示范（或范例）法是教师通过自己或幼儿的动作、语言、声音或通过经过选择的图画、剪纸和典型事例，使幼儿进行模仿学习的方法。艺术、语言、健康领域的教育活动经常采用这类方法。

电化教学法是教师把现代化的视听工具——电影、电视、计算机、幻灯、VCD 光盘、录音等声像设备作为教育手段引导幼儿丰富感性认识的方法。

四、环境陶冶类

目前，越来越多的人重视环境教育价值，注重对环境资源的组织和利用，使环境教育逐渐成为一种独特的、有效的、可操作的方法，这种方法称之为环境陶冶类方法。

环境陶冶类的方法主要包括物质环境陶冶和精神环境陶冶。物质环境创设的方法主要有美工装饰法、分领域建构法、材料填充法、季节更替法、环境暗示法等。优化精神环境的方法有创设活动气氛、改进班级管理的方式、提高教师的修养水平、改善师幼关系、利用艺术作品陶冶等。

五、评价类

通过对幼儿的行为进行评价，以强化幼儿的积极行为，抑制幼儿的不良行为和方法。评价类的方法可分为正面评价（表扬、鼓励、奖励）和负面评价（批评、规劝、惩戒、纠正）。

小锦囊

提问时应注意的问题

1. 提问要清楚明确

教师提问时，要使用幼儿听得懂的词和句子，每次只问一个问题。如果同时向他们提出多个问题，会使他们感到混淆。例如："看，白兔正在吃着什么呢？你猜它最喜欢吃什么呢？"这里就包含了两个问题，幼儿不知该回答前一个问题还是后一个问题；而两个问题便有两个答案，教师也无从判断幼儿的答案是不是正确了。

2. 提出幼儿能够回答的问题

一方面，要使幼儿能回答教师提出的问题，提问的内容必须与他们的生活经验相配合，让他们用已有的知识去发现新的知识；如果问题涉及幼儿的生活经验，幼儿的学习兴趣会较浓，并肯投入思考，回答问题的准确性也就相应提高了。

另一方面，提问时应先问容易回答的问题，然后逐渐加深问题的难度。幼儿在开始的时候能答对问题，自然会增强自信心，对于难度较高的问题，也肯尝试回答了。

3. 依个别幼儿的能力调整难度

同一年龄组的幼儿，能力各有不同，因此，教师向幼儿提问时，要视其能力调整问题的难度，务必使每个幼儿都觉得他有能力回答问题。

4. 提问尽可能顾及全班的幼儿

教师要注意让每个幼儿都有机会表达他的想法。有机会练习在其他的小朋友面前发言，但如果个别的幼儿不愿意，就不要勉强他。幼儿在回答问题时，如能感受到教师的鼓励和支持，他们通常都乐于回答问题。不少幼儿还会视回答问题为一种荣耀，每当教师提问时，都会举手表示想回答。

5. 回答幼儿的提问教师要注意表现支持和鼓励的态度

具体的做法是：

- 对答案作出补充；
- 要接受不同的答案，对于答案不对的幼儿可以这样说："可能因为……使你这样想，如果你弄清楚以后，你的答案可能不是这样。我认为这件事是……"；
- 避免找出幼儿的错处，幼儿回答问题是用语言来表达意见，有信心才能做到。

知识点 3 五领域教育活动的方法

一、健康教育活动的方法

1. 动作与行为练习

让幼儿对已经学过的基本动作与基本技能、健康行为与生活技能等进行反复练习，从而加深理解，形成稳定的动作、行为习惯。例如，盥洗的基本顺序、衣服的穿脱与整理、持筷的方法，都必须在教师和家长的具体帮助、指导下反复练习才能真正掌握。

2. 感知体验法

感知体验法是指导幼儿感觉器官认识、判别事物特征的方法。这种方法能加深幼儿对事物的印象，同时由于加入身体动作，更能激发幼儿的兴趣，引起幼儿的注意。例如，在介绍各种有营养的食物时，如果让幼儿亲眼看一下，亲手摸一摸，亲口尝一尝，幼儿往往会十分乐意，留下的印象也比较深刻。

3. 口令信号法

熟练机智地运用口令是教师进行体育教学和组织体育活动不可缺少的技巧。教师的口令要洪亮、清晰、准确，语气要果断，声调要有感情。信号是指通过拍手、鼓声、音乐、呼数、哨音等声响来帮助幼儿做练习的方法。注意信号运用要及时，声音高低要适当，音乐、鼓点等连续信号的速度和节奏要根据动作和游戏情节的需要而变化。

4. 情境表演法

教师或幼儿就特定的生活情景加以表现，然后让幼儿思考分析情境中涉及的健康教育问题。比如，就“有些食品幼儿不宜吃得太多”这一实际问题进行情境表演，让幼儿分析判断，懂得日常生活中要能控制饮食才有利于健康这个道理。

二、社会教育活动的方法

1. 行为强化法

幼儿在社会化的过程中，有积极与消极的行为表现，教师强化幼儿行为的方法既可以是语言评价，也可以是行为示范、行为暗示。

强化评价法根据性质可划分为正强化和负强化。正强化方式又有很多，如表扬、微笑、点头、竖起大拇指、轻轻拍肩、轻轻摸摸头、精神鼓励（发小红花、小红旗、贴小星星）；负强化的方式包括批评、警告、表情严肃、剥夺某种权利等。

运用行为强化法时应注意以下几个要点：

（1）强化要适时适度　用得不适时，强化则是一种干扰。一般在幼儿全神贯注地学习或游戏时不需要过多的表扬，对一贯表现好，经常得到表扬的孩子，更要少表扬。教师要重点表扬那些非常努力、进步明显、不太自信的幼儿。

（2）批评应该对事不对人　针对行为产生的原因、动机帮助幼儿分析其不对之处，指出其不良后果，而不能对幼儿个人进行人格伤害。

（3）言传身教，身教胜于言传。

（4）关注同伴间的行为强化　同伴的微笑、友好、邀请或生气、拒绝等多种行为都能起到强化作用。

2. 重视感性的学习

感性的学习简单地说，就是态度的培养，即对人对事应持的态度。例如：在“认识自己”的教学中，教师仅仅帮助幼儿认识自己“眼、耳、鼻、口”的名称、位置和功用，这些纯知识的学习是不够的，应把重点放在引导幼儿为拥有五官、四肢这些有用的器官而自豪，感到自己是个有用的人，因而对自己有正确的看法。纯知识的学习，对帮助幼儿认识自己作用不大；感性的学习，在于引发幼儿对自己所拥有的一切感到自豪，从而有助于他们认识自己。

三、科学教育活动的方法

1. 科学实验法

幼儿阶段的科学小实验注重活动的趣味性、随意性与生活化，形式多样，常常带有游戏的性质。例如：拿温度计量温度，用塑料袋做一做空气的实验，走路时找一找自己的影子，玩水时做做物体沉浮的实验。幼儿操作的小实验应注意以下几点：

（1）准备足够的实验材料、适宜的环境，并反复检查，确保安全，为幼儿操作提供充分的物质条件。

（2）观察幼儿的表现和情绪，倾听他们的谈话，了解幼儿操作的具体情况。

（3）在实验过程中，针对幼儿遇到的各种问题和障碍，启发幼儿动脑筋解决问题。

（4）允许幼儿失误，给幼儿尝试错误的机会。

（5）教师无须手把手地教，要有必要的等待，让幼儿探索、尝试，在关键的时候予以指导。

2. 感知比较法

感知比较法是通过幼儿的感知活动，对两个或两组以上物体进行比较，让幼儿找出它们在数、量、形等方面的相同和不同的一种活动方法。比较法是幼儿科学教育活动中重要的方法之一，特别是运用在数学活动中。例如，在数学活动中，经常用到对两个物体数或量的比较，对多个物体比较排序，一一对应比较，重叠比较，并放比较，边线比较，非对应比较，双排比较，不同排列形式的比较等。在运用比较法时，应注意两点：

（1）比较之前，组织幼儿仔细观察。

（2）在比较过程中，教师要以启发性的提问引导幼儿进行比较，思考问题。

3. 劳动法

科学活动中的劳动带有很大的游戏成分。劳动的目的是使幼儿在简单、力所能及的劳动中，获得对于事物本身及其发展变化的相关知识，培养幼儿的责任心和热爱劳动的情感以及初步的环保意识。幼儿科学活动中的劳动主要有饲养、栽培、生活劳动、食物制作和烹调等。

组织幼儿参加劳动，必须先创设劳动的条件和场所，教师应拟定计划，准备劳动工具和材料，学习和了解有关的知识等；劳动开始时，教师要向幼儿交代劳动的任务，引导幼儿认识劳动的工具和材料，示范、讲解方法，教给幼儿劳动的技能；劳动中，教师要巡回指导，注意对个别幼儿的帮助；劳动结束时，教师应对幼儿在劳动中的表现作出评价。

4. 启发探索法

启发探索是教师在科学活动中，依靠幼儿已有的科学知识和经验启发他们去探索并获得新知识的方法。启发探索法最大的特点，就是激发幼儿的兴趣，最大限度地调动幼儿学习的主动性、积极性。运用这种方法时应注意以下几点：

（1）启发探索法应与操作法结合进行。探索活动往往是在幼儿对具体物体进行操作的过程中进行的，同时操作要起到引导幼儿积极探索的作用，也离不开教师必要的启发。

（2）启发探索法用得好不好与教师提问的技巧直接相关，因此，教师要善于提一些开放式的问题，引导幼儿探索的方向。

（3）创造条件，让幼儿共同探索。

四、语言教育活动的方法

1. 描述法

描述法主要是训练幼儿语言的连贯性和顺序性。它要求幼儿语言完整、连贯，具有一定的描述能力。教师在带孩子散步、休闲的时候，启发孩子把他所看到的事物的外形、特征或动作、神态尽量地描述出来，比如说，“花园里树叶变绿了，花开了，有的红，有的白，有的黄，五颜六色的真好看。”教师可启发孩子发散性地去想象，可以问他们“你还看到了什么？是个什么样子？它还像什么？”等。运用描述法的时候请教师注意：先观察感知，后进行描述；用提问提示孩子描述的思路；注意描述的完整性和顺序性。

2. 听说游戏法

幼儿在游戏中说话的积极性最高，教师可以采用各种各样的听说游戏的方式来激发孩子主动说话，如发声游戏、词语接龙、绕口令、猜谜语等。

运用听说游戏法时教师应注意，创设游戏的情景，引导孩子的兴趣，交代游戏的规则，明确游戏的玩法，教师和幼儿共同游戏。

3. 故事法

故事以讲述事件为主，题材广泛，有连贯性，富有吸引力，能感染人。故事的内容有真实的（比如写实故事），也有虚构的（比如童话），还有的是教师专门为自己班上的孩子创编的生活故事。为了讲好故事，教师应当注意：讲好开场白；感情充沛，生动流畅；遇到陌生的词汇，及时讲解；关键的情节提个问题，讲完了故事再提个问题。

4. 直观对应法

在日常生活中，为了更好地帮助幼儿学习新词，理解词语的意义，教师应有意识地让幼儿多接触直观的形象，让词与词所反映的事物同时出现，或者把词、实物、汉字与这些词的语音对应起来，直接把字标在实物上，借助直观的形象来加强记忆，这种方法就是直观对应法。

5. **表演法**

表演法是指在教师的指导下，幼儿学习表演文学作品，以提高幼儿口语表现能力的一种方法。这一方法的具体运用过程中教师必须在理解童话、故事内容、熟悉人物对话以及角色心理的基础上指导幼儿正确运用语言、动作、表情、道具等扮演角色，再现故事情节。教师要鼓励幼儿在表演中创新，并给全体幼儿提供参与表演的机会。

6. **模仿跟学法**

模仿跟学法一般适用于以下两种情况：

（1）当幼儿出现发音不准，或用词不当，或讲出不合乎语言结构的句子时，教师可以采用幼儿模仿跟学的方法。例如，幼儿说："老师，苹果。"教师口述为："老师，我要吃苹果"。

（2）当幼儿不能用连贯的语言讲话或讲述时，如幼儿说话出现语无伦次、颠三倒四的现象，教师就有必要重复正确连贯的语言，有利于幼儿模仿跟学。

五、艺术教育活动的方法

1. **感觉教育法**

音乐是听觉的艺术，美术是视觉的艺术。事实上，在幼儿从事艺术活动的过程中，往往不只是一种感官，而是多种感觉器官共同参与的。所以，感觉教育应视为艺术教育的起点。感觉教育的内容主要包括触觉、视觉、听觉、味觉、立体感觉等感官训练。幼儿园中的感觉训练无须使用过于专门化的感觉训练器具，而是利用幼儿身边的事物让他们多看、多听、多摸、多动手、多比较。幼儿的天性是好动、好问、好游戏、好模仿的，教师最重要的是要创造一个宽松的精神氛围，充分调动幼儿的眼睛、嘴巴、耳朵、双手、双脚及大脑，让幼儿充分地去感知，并把自己的感受表现出来。

音乐教育活动中可以多用听觉感受教育法。教师提供给幼儿的听觉感受教育内容可分三种：

（1）聆听各种声音，包括动物的、自然界的和人为的声音。动物的声音如鸡叫、猫叫、虫叫、鸟声；自然界的声音如风声、雨声、流水声；人为的声音如讲话声、口技、拍手声、敲打声、哭声、笑声。

（2）聆听音乐作品，其主要目的是培养幼儿对音乐的感受力，并不是欣赏内容和演唱、演奏的技巧，只要幼儿喜欢聆听就可以选用。

（3）听辨声音的大小、高低、强弱、快慢、长短等。

美术活动中可以多用视觉观察法。即教师指导幼儿有目的地感知事物外形特征、获得美的体验的方法，是观察和欣赏的结合。由于受自身发展水平的限制，幼儿在感知事物时缺乏目的性和计划性，不能自觉组织自己的视觉。幼儿的观察和欣赏是幼稚的、局部的，但同时又是直率和主动的。因此，教师一方面要提高幼儿的观察欣赏水平，另一方面又要适应幼儿的水平和保护孩子的兴趣。

观察欣赏指导三个环节：

（1）选准对象。教师应选择那些幼儿感兴趣的，形态、动作与幼儿内在情感结构相一致的，不能将幼儿太陌生的或太熟悉的事物作为观察对象，而且观察欣赏的对象由简到繁。

（2）指导观察。观察时要抓住对象的大体形状，对幼儿不必要求他们十分准确地把握整体与局部的关系。例如，欣赏熊猫时，教师可以这样说：“大熊猫浑身胖乎乎的，看上去就像一个大皮球。它的眼睛、耳朵、嘴和四肢上的毛都是黑色的，尤其是它的眼睛又圆又亮，好像两颗黑色的玻璃球。它的腿又短又粗，走起路来一摇一摆的，真可爱。”

（3）运用形象的语言启发幼儿表现和创作的欲望。

2. 身体律动法（适用于音乐教育）

幼儿是运用身体动作，来充分表达他对音乐的感受和理解的；也就是说，身体运动成为幼儿从事音乐活动的重要表现形式。例如节奏快时，幼儿会做小兔跳的动作；节奏慢时，则做大象走的动作；旋律流畅时，幼儿会自然张开双臂做蝴蝶、大雁飞舞的动作。因此，幼儿对音乐的韵律、强弱、高低、快慢等的感知都可以通过身体的律动去实现，身体律动的动作包括基本步伐、手臂活动、手脚联合活动、全身活动等，并努力争取做出与音乐相协调的韵律动作，从而自如地运用自己的身体动作进行再现性和创造性表现，并在身体律动中自然地运用表情与他人交往、合作。

3. 整体教学法（适用于音乐活动）

音乐作为一种审美活动，其特点就在于一种整体统一性和整体协调性。针对这一特点，在组织幼儿园音乐教育活动时，可以运用整体教学法指导活动。整体教学法在歌唱活动中的运用则称为整体教唱法，即教师在做示范唱后，幼儿跟着从头开始唱整首歌。

4. 环境熏陶法

优美的环境在艺术教育中发挥着潜移默化的作用。教师要尽可能创造条件，让幼儿在美的熏陶中快乐成长。环境教育的内容包括幼儿园陈设布置、教师服饰打扮、玩教具及日常用品美化（饮食、物品、图书、玩具等）、幼儿园的人文环境、自然环境、社区环境、人文景观等。

大自然是美的源泉。自然界丰富多彩，有千姿百态的山川河流，品种繁多的花草树木、鸟兽鱼虫，变幻多端的风云景物，还有人们劳动创造的园艺、雕塑、建筑等。教师要有规律地组织幼儿春游、秋游、冬游，随着幼儿接触的事物的增多，他们对美的理解和表现也会逐渐提高。

知识点 4 幼儿园教育活动方法的技能训练

一、口语表达的常见形式与练习

1. 讲述阐释语

讲述阐释语是教师向幼儿传授知识和技能时进行解释、说明所用的语言。使用讲述阐释语必须规范、明了、准确、流畅，针对幼儿的特点，讲得通俗、生活、活泼，富有趣味性和启发性，语气肯定，语调平稳，语速适度。

练习一：艺术活动——“绘画装饰伞”活动片断

教师：小朋友，请你们想一想，下雨天人们打的伞都有哪些颜色？哪些花型？

幼儿：……（略）

教师：对，伞有单色、多色，也有花纹、动物、点、线、格子等花色。（出示一把无色伞）这是一把没有装饰好的伞，我们怎样才能使这把伞变得漂亮呢？小朋友可以选择一种你自己喜欢的颜色勾边、涂色，注意勾边要勾得深、浓，涂色要涂得均匀，向一个方向涂，注意颜色要搭配好看……（最好是一边阐释一边示范）

2. 启发诱导语

启发诱导语是教师通过提问、质疑、暗示、点拨等启发、引导幼儿寻找问题结论的语言。启发诱导语在应用时音量不宜过高，语调应沉稳平静，吐字应清楚，语速应缓急适当，提问要有梯度，步步设疑，适时点拨，“不到火候不揭锅”。

练习二：艺术活动——“大动物歌唱家”活动片断

教师：（扮演主持人口气对幼儿说）动物王国唱歌比赛现在开始，首先请听第一位动物的演唱（教师放虎啸声的录音，幼儿仔细听）。

教师：谁听出来第一位唱歌的动物是谁？

幼儿：老虎（狮子）（大象）。

教师：听出来是老虎在唱歌的小朋友请把手举起来。

教师：告诉老师，你为什么认为那是老虎唱歌的声音？

幼儿：很大（很凶）。

教师：对！（为他鼓掌）这吼叫的声音听起来怎么样？

幼儿：很害怕（很厉害）。

教师：小朋友想一想，老虎的叫声是低还是高？

幼儿：很低。

教师：对了，我们用一个词来形容老虎的声音，这个词就是“低沉”。

3. 激情激趣语

激情激趣语是通过口头语言所表达的情感来激发幼儿参与活动的积极性，使幼儿保持持久的注意力。

练习三：科学活动——“动物为什么长尾巴”活动片断

教师：瞧，我们大班来了许多小动物客人。咦，怎么来了一群没有尾巴的动物呀？原来它们的尾巴丢了，小动物们可不能没有尾巴呀！请小朋友动动脑筋，帮它们找一找尾巴。

4. 过渡转换语

过渡转换语是在教育活动中，通过一定的词语把活动中的两个相邻部分内容或层次自然承转、衔接，使之贯通，以达到承上启下的目的。

练习四：艺术活动——“美术欣赏《奔马》”活动片断

教师：刚才录像里面有马在跑，运动员在跑。不管是跑在前面的，还是跑在后面的都在拼命地向前跑，谁也不怕困难，不甘落后。小朋友，你平时遇到过哪些困难？遇到困难时，你是怎么办的？

5. **指令指导语**

指令指导语是教师用肯定的语气要求幼儿按指定的方式、规定的程序操作、实践的语言。通常用在操作活动中。使用这种语言时要注意：指令性的话要明确、简洁、响亮，突出“要”、“必须”一类指令词，体态要亲切，还可以使用一些敬词如“请”，以体现对幼儿的尊重。

练习五：科学活动——“认识肥皂”活动片断

教师：今天老师给小朋友带来许多小礼物，请小朋友看看都是些什么。

幼儿：有玻璃缸、玻璃杯、筷子、纸包、小手绢。

教师：请小朋友打开桌面的纸包，看看是什么。

幼儿：肥皂。

教师：请小朋友摸一摸有什么感觉。

幼儿：很硬。

教师：请小朋友轻轻地把肥皂放在水里蘸一蘸，然后再摸一摸有什么感觉。

幼儿：很光滑。

教师：请小朋友把纸包里的肥皂片放在玻璃杯里，然后用筷子轻轻搅拌，看看肥皂有什么变化。

幼儿：玻璃杯里的水变白了，还有泡泡。肥皂渐渐变小了，最后化了。

6. **评价勉励语**

评价勉励语是指在活动过程中教师对幼儿的回答、演示、作品等进行评价、鼓励、鞭策的语言。评价勉励的语言注意用词要恰如其分、明确具体，语气语调要中肯。

练习六：社会领域活动——“当我遇到困难的时候”

幼儿：我不会用筷子，妈妈握着我的手教我。

幼儿：我摔跤了，很疼，但是我没有哭。

幼儿：我本来不会系鞋带，多练几遍也就会了。

教师：小朋友们说得都不错，你们个个都是了不起的，遇到困难都能想办法去克服……

7. **归纳小结语**

归纳小结语是指在一个活动完成后，教师作归纳、小结、引申时所用的语言。归纳小结要求语言简洁、明了，能起到提纲挈领的作用。

二、观察的练习

在观察苹果和橙子的活动时，应该怎样引导幼儿作比较呢？

教师一般都会引导幼儿比较苹果和橙子的相异之处，例如，它们的外形、颜色、气味、果皮、内部结构（包括把苹果和橙子横切和纵切）等。这些相异之处，都是可以直接看得到的，是较为简单的比较。但是，教师较少引导幼儿比较橙子和苹果的相同之处，因为这种比较的难度较大，需要把观察得来的资料进行分析，才能总结出两者的相同点。

例如：

- 同是可以吃的水果；
- 同是带有甜味；
- 同是有果皮；
- 同是有果汁；
- 同是有果核（无核的橙子例外）；
- 外形同是接近圆形。

三、听说游戏练习

中心词接龙：红→红色→红花→红星→红苹果→红袜子→红领巾……

单词接龙：红花→花生→生火→火炉→芦柑→柑橘……

句子接龙：

（1）现在是春天→春天的景色很美丽→美丽的小鸟在唱歌→唱歌跳舞真快乐……

（2）明天又是星期六→妈妈要带我去动物园→我们坐公共汽车去→我最想去看动物表演……

每章一练

1. 试对第一节案例中的教育活动进行分析，教师选用了哪些一般的教育方法？

2. 试对第一节案例中教师的提问技巧进行分析。

3. 从幼儿园教材中，选取一两个不同领域的教育活动案例进行分析，体验五领域教育方法的具体运用。

第五章 幼儿园教育活动的评价

本章概述

幼儿园教育活动评价是幼儿园教育评价中的一个重要组成部分，也可以理解为是一个收集教育活动相关方面的信息并依据一定的客观标准或评价者的立场、观点对活动过程诸要素及活动效果作出衡量、判定或赋予其价值意义的过程。它涉及对教育活动的目标、教材内容、活动过程、形式与手段、环境与材料以及活动效果等的评定，同时，由于教育活动的过程是一个由教师与幼儿共同参与和相互作用的过程，充满了动态性、多变性、偶然性和潜在性，也就使得教育活动的评价涉及对教师和幼儿的评价，因而它更具复杂性、多元性和挑战性。

教学目标

1. 了解幼儿园教育活动评价的原则。
2. 掌握幼儿园教育活动评价的内容。
3. 理解幼儿园教育活动评价的方式。

知识点 1　幼儿园教育活动评价的内容与原则

幼儿园教育活动作为一种带有一定目的和指向性的活动，其目标的达成与否、教育价值观的体现程度、社会培养和需要的满足与否以及幼儿发展的促进效果等都需要通过评价来得以落实和体现。因此，对幼儿园教育活动的评价是学前教育理论工作者和实践工作者共同关注的重要研究课题。

一、幼儿园教育活动评价的内容

幼儿园教育活动评价的内容主要包括两大方面，即从教师角度出发的对教育活动设计与指导有效性的评价和从幼儿角度出发的对活动参与有效性的评价。主要涉及的评价内容有教育活动目标、过程、方法、环境创设以及幼儿活动的参与态度、认知发展、动手操作能力、社会性交往等方面。

1. 对教师“教”的评价

幼儿园教育活动是由教师、幼儿、教育活动目标、内容、手段与组织形式、环境等诸多要素构成的，而其中幼儿与教师是两个紧密联系、互为主体且不断相互作用的要素。因此，从教育活动评价的辩证角度而言，评价幼儿的学习方式也就是评价教师的教学方式，评价教师的教育活动设计是否有利于幼儿学习方式的开放和多样；教师设置的教育教学内容、采用的组织指导策略、创设的环境条件是否能调动幼儿学习的积极性，更有利于促进幼儿主动、有效地学习等。由此，在一定程度上，一个富有实效的教育活动也同样是通过教师“有效的教”来得以体现的。

从教师的角度来评价教育活动，主要内容包括教育活动的目标、方法、内容、组织形式、资源利用、环境创设等。

（1）对教育活动目标的评价　目标是教育活动的起始环节，是开展教育活动的出发点和归宿，它规定了教育活动预期所要获得的某种效果，它是教育活动的内容选择、方法运用、效果评价的依据和准则。因此，明确教育活动目标的过程，也就是精选教育活动内容、优化活动方式的过程。对一个教育活动目标的评价主要包括目标的表述方式、表述指向、表述内容等方面。

1）针对性。目标的针对性是指教育活动的目标要符合幼儿的年龄特点和班级幼儿的实际发展水平，根据幼儿整体、群体、个体的不同发展水平和需要，充分考虑到幼儿的普遍性和差异性，体现因材施教，并贴近幼儿的“最近发展区”。

对教育活动目标的评价可以从目标是否关注幼儿的实际生活，与幼儿的生活经验以及实际发展水平相联系着手。

例如，2011 年日本“海啸”引起了全球的关注，电视台、电台、各类报纸的相关报道也吸引着孩子们的视线，引发着孩子们的同情心：怎么会发生海啸？地球上还有哪些可怕的灾难？我们可以想什么办法不让灾难产生？……教师及时地抓住了源于生活中最新、最近的社会热点新闻，将教育活动与幼儿感兴趣的时事相联系，设计了“地球

——我们的共同家园”的集体教育活动，目标如下：

- 初步了解自然环境与人类的关系，有粗浅的环保意识。
- 通过活动使幼儿知道人类生活在地球上，地球是人类共同的家园。
- 初步学会观察地球仪，产生对自然科学的探究兴趣。

从上述目标来看，教师将发生在幼儿生活周围环境中的可利用资源引入教育活动的想法是可行的，但是，如何在源于幼儿生活经验和认知背景的前提下制订更有针对性的目标却是关键所在。此活动目标，不仅过分突出认知领域目标，缺乏统一性和整合性；而且在表述上比较“空泛”，缺乏可操作性；同时，目标的定位和要求过高，对于5~6岁的幼儿来说，了解地球是我们人类共同的家园，懂得人人要保护地球的目标也缺乏针对性。

2）操作性。操作性是指教育活动的目标应当是具体的、明确的、可操作的，以便于教师和评价者的观察、鉴定和评价。

例1：《看挂历》（大班）

目标：①了解挂历与我们生活的关系，知道挂历上一些数字所代表的意思，尝试用比较清楚的语句表达自己的想法。

②感受2009年（新年）到来的快乐，产生自己制作挂历的意愿。

以上教育活动目标具有比较明确的操作性和指向性，不仅能够使评价者根据上述“了解挂历与我们生活的关系”“知道挂历上一些数字所代表的意思”等指向性目标来判定幼儿达到目标的程度和效果，而且还能促使教师通过对活动过程中幼儿语言的、行为、态度等多项反馈的观察与反思来加强和促进活动的有效性。

3）统一性。由于教育活动的效果是通过对幼儿活动表现和结果的判定而得以显现的；因此，教育活动的目标无疑具有检验、导向和指导的作用。在目标的表述上，有从教师角度提出目标的（见例2），也有从幼儿角度提出目标的（见例3），当然也有混合式提出的。

例2：《树真好》（中班）

目标：①帮助幼儿感受树与人类之间的关系。

②培养幼儿亲近树木、爱护树木的美好情感。

例3：《树真好》（中班）

目标：①运用自己喜欢的方式来表达对大树的喜爱与认识。

②在观察交流中，萌发进一步亲近、爱护树木的美好情感。

③产生对动物与树木关系探究的愿望。

从以上目标表述中可以看到，例2的表述方式比较概括、空泛，缺乏可操作和可评价的特性；而例3的表述方式则相对比较具体，具有操作性、针对性和可测性的特点。

美国布鲁姆的“目标分类学”理论认为，教师所期望的学生的变化就是教学目标或教学目的，阐述教学目标，就是要以一种较特定的方式，描述在单元或学程完成之后，学生应能做（或产生）些什么，做到何种程度，或者学生应该具备哪些特征等。因此，教育活动的目标就应当以具体、可见的言语表述来反映幼儿外在的行动方式，即行为目标的表述；而为了使教师对教育活动的关注点更多地放在幼儿的“学”上，放在幼儿的“发展”上，教育活动目标的制订比较提倡从幼儿角度出发，用以幼儿为主体发出的行为动词为主进行表述，而且这种表述应当体现统一性，而不是随意性的、混合性的目标表述。

4）整合性。在布鲁姆的教育目标分类学理论中，将教学目标分成认知目标、情感与态度目标和动作技能目标三个方面。从认知目标来说，是回答“幼儿学会了什么”的问题；从情感与态度目标来说，是回答“幼儿学得有兴趣吗”的问题；从技能目标来说，是回答“幼儿学会了吗”的问题。

虽然对于一个教育活动而言，总是会有针对性特别强的某个方面或学科领域性内容和相应的目标，但是，从幼儿发展的统整性理念来说，教育目标应当是一个能够促进幼儿整体、和谐发展的体系。所以，教育活动目标的整合性首先是指一个领域的目标在多个领域或活动中的体现，如语言领域的发展目标在社会或艺术、科学领域活动目标中的整合；同时，教育活动目标的整合性还表现在一个领域的活动中包含多个领域的发展要求，如在以语言领域为主的活动中也包含有社会领域的目标。

此外，教育活动目标的整合也是教育活动统整的基础，目标的整合将直接影响到教育活动内容的整合，以及活动方法和形式等的整合。换句话说，目标的制订应当放在一个更广泛、更全面的背景下，既要体现和落实某个领域方面的重点目标，同时也要考虑和体现与活动内容有着显性的密切关联的或是隐性的关联的其他领域目标，如在情感、社会性、认知、个性等方面的目标。

例 4：《兔子笑什么》（大班）

目标：①理解内容，知道笑话别人是不礼貌的行为。

②有兴趣地学念儿歌并认读相关的文字。

这个活动的目标明显偏重于德育目标和语言领域目标，而相对忽视了对动物特征进一步探究方面的认知目标，缺乏整合性，容易造成教师在实施活动中的偏差。

例 5：《六个矮儿子》（大班）

目标：①仔细听故事，在判断、推理中知道六个矮儿子不同的生活方式。

②懂得自己长大了，应该做一些力所能及的事情。

③愿意尝试着用自己喜欢（或擅长）的方式表达对故事内容的理解。

以上设计的目标既考虑到了社会性、语言、思维等方面的内容，又考虑到了幼儿的认知、情感、能力等多方面发展的需求，具有整合性。

（2）对教育活动方法的评价　对于一个教育活动来说，活动的目标设定、内容安排、手段方式等都是评价的重要内容。而对教育活动方法的评价主要看教师在教育活动方法、手段及情境创设的设计上是否体现了幼儿的年龄特点，活动方式是否能满足幼儿学习方式上的差异性，是否能促进幼儿在已有水平上的有效学习，教师的教学形式是否适宜于教学内容，活动中教师的提问是否有效，等等，即主要表现在教育活动方法的有效性、适宜性方面。

1）有效性。评价教师的教育活动方法是否体现有效性可以从以下两方面着手：

①对幼儿经验的提升。“经验”即经历、体验，泛指由实践得来的知识或技能，它是人在实践中通过自己的感觉器官直接接触客观外界而获得的对各种事物表象的初步认

识。对于学前幼儿来说，经验作为一种从其个体发出的感性认识活动，它不仅指认知经验，还包括在情感、技能、合作交往、学习方式等方面的经验。因此，在集体教育活动中，教师在选择和运用谈话、情景体验、发现、讨论等教学方法中就应当结合恰当的教育时机，帮助幼儿梳理、整合、提升与拓展经验。

●找准经验点。教师准确找到新的经验点是关键所在，“经验点”的把握一般可以依据幼儿的“最近发展区”。幼儿共同的经验或幼儿发展中必须具有的经验即基本经验，它可以根据幼儿年龄特点、发展关键期及发展目标而确定。经验点是教师把握集体教育活动内容对幼儿的适度挑战性，使教育活动方法有效发挥作用的重要前提（见表5-1）。

表5-1 评价教育活动方法——批准经验点

活动名称	活动方法	经验点
城市的夜晚静悄悄	谈话法	有关城市夜晚不睡觉的人的认知经验；用规范语言表达画面内容的书面语言经验；对周围环境中夜晚不睡觉、辛勤工作着的劳动者尊敬与热爱的情感经验
六个矮儿子	故事讲述法 体验表达法	“猜谜式”的理解方式；肢体表达故事内容的表现方式
小蚂蚁搬豆	感受体验 自主表达	对蚂蚁的认知经验；改编歌词的经验；合作表演的经验等。

●运用多种方法与形式。评价教师如何提升幼儿经验不仅表现在教师对教育活动关键经验点的把握上，还表现在教师是否能根据相关经验点选择和运用相适宜的不同方法与形式来提升幼儿的经验，从而更体现出活动方法的有效性（见表5-2）。

表5-2 评价教育活动方法——运用多种方法与形式

活动名称	提升相关经验点	方法与形式
好吃的点心	儿歌句式结构的语言经验以及快板式的表达经验	儿歌总结法
放风筝	“风筝放不上去”的“失败经验”	归纳总结法
种葫芦	了解不同的种植材料，如：沙子、泥土、水的不同特点以及不同的种植方法的操作经验	动手操作法
喜欢的花	喜爱花的不同方式的表达经验，以及用水彩画表达花的新技法经验	示范演示法
逛逛城隍庙	将歌曲内容改编或镶字演唱的改编经验，懂得同样一句旋律中字数多就要唱得节奏快些的演唱经验	歌唱改编法
成语故事	对“狐假虎威”成语的认知新经验，对“有关动物成语”的探究经验	录像拓展法

②对提问策略的把握。评价教师“教”的有效性的另一个重要维度和方面是评价教师的“提问”。提问，虽然是教师在集体教育活动中通常采用的策略之一，但它却是影响教师对教育活动指导有效性的重要指标。评价教师提问的有效性表现在：

●提问使用的目的性、艺术性。在教育活动中，教师的提问应当有明确的目的性、启发性和艺术性。教师的提问，一方面要能激起被提问者回答问题的兴趣和热情；另一方面，活动中教师的提问还要与特定的教学情景相结合，能引发幼儿进一步的思考。通过丰富多样、适宜有效的提问，促使教育活动在更加充满情趣、贴近幼儿生活、推动幼儿思维迁移的状态下，在加强和推动幼儿多边活动的过程中进一步促使教育活动内容的层层深入和不断生成。

●提问形式的多样性、灵活性。教师在教育活动中对提问策略的把握，既需要尊重幼儿的年龄特点和认知发展规律，选择恰当有效的时机实施提问，同时，在运用提问策略中也应当视实际情况采用不同形式的提问，有时可以是展示式提问（即有明确的答案，是对知识核心的提问，但缺少启发性、思考性）或开放式提问（即没有明确的答案，属于更高认识水平的提问，可以引发幼儿讨论、激起幼儿想象），有时也可以是启发式提问（即在问题情景中引起幼儿进行比较、假设、分析、推理）或换位式提问（即引起幼儿假设，学着用换位方式去体验角色的行为、心理等）。

此外，评价教师的提问还包括评价教师是否将“疑”字引入教学过程，教师是否通过引疑、设疑、质疑、求疑、解疑、留疑的一系列过程，启发幼儿积极思维，并在教育活动过程中允许幼儿以适合自己的方式、方法、速度学习；教师是否能支持幼儿特有的想象和“与众不同”，及时发现和挖掘蕴藏在幼儿身上的潜能，通过双向、多向提问形成学习过程中师生互动、生生互动的良性循环。

2）适宜性。适宜、有效的教学活动是通过教师的教学方式来体现的。巴班斯基在《论教学过程最优化》一书中指出：“教学方法是由学习方式和教学方式运用的协调一致的效果决定的。”因此，在教学方法选择上应该遵循以下原则：

●根据教学目标选择教学方法。每种教学方法都可能有效地达到完成教学目标的某一内容，问题的关键是如何遴选最佳的方法。哪一种方法最易达到预期目标，符合幼儿的年龄特点，它便是好的方法。

●考虑学科性质和教学情境。任何教法的功能都具有相对性，各有其特点和适用范围。教师要善于分析各学科的性质特点，在此基础上选择与之相适应的教学方法；根据不同的教学情境，采取适宜的渲染、烘托等手段，充分发挥教学方法为完成教学内容服务、教学内容为达到教学目标服务的作用。

●依据幼儿心理特征与认知特点。瑞士心理学家皮亚杰认为：幼儿认知的发展是一个积极主动的建构过程，在这个过程中，幼儿通过自己的活动（外显的物体操作活动和内隐的智力活动）逐渐建立分化和理解的认知结构。为此，教师应依据幼儿思维发展的行为式—图像式—符号式三个阶梯，选择相应的方法，激发、维持幼儿的内部学习动机，使幼儿以积极的情感态度投入教学活动，产生师生互动、生生互动。

教学方法的选用是为了更好地完成教学目标，教师应该根据不同的学习内容适宜地选择和创造性地运用。幼儿园教育活动中常用的教学方法有：游戏法、情景法、模仿法、谈话法、操作法、故事法、发现法、探究实验法、展示交流法等。值得注意的是，某一种教学方法往往有相适用的某种特定教学内容和教学条件，因此，评价教育活动中方法的适宜性，首先是看教师在教学方法的选择与运用上能否充分了解每种教学方法的特点、功能、局限性以及与教育内容、幼儿年龄特点的相宜程度，在此基础上进行合理、灵活而优化地使用。其次，还要评价教师是否能够在采用适宜的教学方法的同时，将教学内容转化为幼儿感受、体验、探究的学习过程，促使幼儿的已有经验与新经验的认知碰撞，进而推动幼儿自主建构知识的过程。

例如，在托班“小刺猬背果子”活动中，教师采用了情景游戏法组织幼儿学习，在小刺猬背果子中感受了“多”与“少”，比较着“大”与“小”。在小班“拉小车”活动中，教师运用课件观赏法引导幼儿学习儿歌内容。在中班“神奇的树”活动中，教师采用观察想象法来引导幼儿在问题情境中学习，了解神奇的树在不同季节里的变化。在大班“小兔逃跑”活动中，教师则用阅读表演法来帮助幼儿感受、理解故事内容，使幼儿在看看说说与表演体验中感受着小兔与妈妈之间的浓浓亲情。

（3）对教育活动内容的评价　对于幼儿园教育活动内容的选择，《幼儿园教育指导纲要》（试行）明确指出：应该“既考虑幼儿的现有水平，又有一定的挑战性；既符合幼儿的现实需要，又有利于其长远发展；既贴近幼儿的生活来选择幼儿感兴趣的事物和问题，又有助于幼儿经验的积累和视野的拓展”。以《幼儿园教育指导纲要》（试行）为依据，对教育活动内容的评价可从以下几方面着手：

1）针对性、挑战性。教育内容具有针对性和挑战性是指能够从不同的教育活动内容（或学科领域）特点出发，既突出内容的专门化、个别化，也体现内容的综合化。即评价教师能否把握住各领域中幼儿的关键经验以及应该获得的基本经验，同时在关注幼儿的现实生活经验的基础上，对幼儿已有的经验进行整合，使教育活动内容更体现出挑战性、针对性，能促进幼儿在“最近发展区”的水平上实现经验的提升。

如在大班“我的本领大”主题活动中“我会用工具”是教师预设的一个活动内容，教师在区角活动中投放了一些常用小工具让幼儿进行个别化的自主探索活动，使幼儿初步积累了一些使用小工具的经验。但是这些探索是个体的、局限的，有的幼儿甚至还不太会操作，有的幼儿碰到困难后就退缩了。由此，教师设计了“厨房小工具”这一集体教育活动。由于这是一个侧重认知学习、动手操作类的学习活动，教师预设的活动内容主要有三个方面：“说说我知道的小工具”、“什么时候需要用小工具”、“这是用什么工具做出来的”。这三个内容的安排使幼儿在分享交流、观看录像中，感受同一食品（萝卜）在运用不同工具制作后产生不同效果的“神奇”，以此进一步激发大班幼儿继续动手探索的兴趣。

教师的预设是从内容如何源于幼儿生活经验又能够挑战幼儿的认知结构着手的，在内容的设计中能够分析与思考哪些是孩子已经认识的厨房工具、哪些是孩子比较陌生又充满好奇渴望了解的厨房工具、哪些是孩子可以自己操作直接体验认识的厨房工具、哪些是可以通过成人的演示来间接认识的厨房工具等，在此基础上安排的内容对幼儿来说就具有针对性、挑战性，能够促进幼儿有意义的学习。

2）适宜性、有效性。评价教育内容是否具有适宜性和有效性是指活动内容是否依据教育目标，是否符合幼儿的年龄特点，是否尊重幼儿的学习兴趣和需要，并能从幼儿的角度来选择孩子喜欢的、感兴趣的内容。此外，适宜性、有效性还体现在教育活动内容选择的难易程度以及重点确立等方面是否符合小、中、大班不同幼儿的认知水平，能够有利于幼儿更好地获得新的知识经验以及获得适宜性的发展（见表5-3）。

表5-3 “我爱我家”教育活动内容

活动名称 / 评价要点	小 班	大 班
	“我来做爸爸妈妈”	“我为妈妈买××”
教师设计的出发点和思路	小班幼儿是怎么爱爸爸、爱妈妈的？他们最关注、最熟悉爸爸妈妈的是什么？根据小班幼儿的年龄特点，通过情境创设，在情境游戏中再现对爸爸妈妈的认识，获得语言、情感、认知等方面的整体发展	大班幼儿已经能从生活中的一些细小事件中感受“妈妈是怎么爱我的”。采用调查的方式可以让大班幼儿获得直接经验，提高做事的目的性、坚持性以及责任心
内容安排	1. 创设娃娃家情境； 2. 让幼儿在“娃娃家”的情境中看看说说； 3. 在自主的穿戴、装扮中满足体验角色的需要； 4. 巩固对爸爸妈妈不同用品的认识； 5. 在情境中学念“顺口溜”式的儿歌短句； 6. 从中获得语言的模仿与创造性发展	1. 幼儿进行为期一周的观察记录； 2. 观察记录的内容是“每天6：00~8：00妈妈为我做了哪些事”，在此基础上进行集体交流活动； 3. 开展“用10元钱我为妈妈买什么”活动； 4. 请幼儿想一想、说一说妈妈最需要什么、妈妈喜欢什么、妈妈缺少什么； 5. 幼儿到超市为自己的妈妈选择喜欢的、合适的物品

从表5-3不同年龄班教育活动主题内容的设计来看，教师在教育活动内容的把握上较好地体现了适宜性，它既表现在与幼儿的年龄特点相适宜、与幼儿的生活经验相适宜上，也表现在与幼儿的表现和表达方式等相适宜。可见，只有适宜的教育活动内容才可能带来有效的活动过程和效果。

3）自然性、开放性。在幼儿园教育“回归自然”“回归生活”的大背景下，活动内容也不再仅仅强调学科体系知识的严密性、逻辑性、完整性，不再只是强调知识的量和深度，而是更强调学习内容的广度和连接点，强调将学习内容与幼儿的多方面经验结合在一起，使新知识、新概念的形成建立在幼儿现实生活的基础上，强调将幼儿现实生活中的内容演绎为教育活动内容，从而引发幼儿愉快地、主动地、创造性地、有效地学习。

在小班“我来做爸爸妈妈”活动中，活动内容有：抱娃娃、和娃娃说话、给娃娃喂饭、感知歌词内容、欣赏歌表演、体验与创编歌词。活动中，幼儿扮演爸爸妈妈的兴趣与进一步感知、体验、认知、艺术表现糅合一体，这样的内容比较符合小班幼儿具体形象的思维特点，符合小班幼儿整合式、情境化、动作化的学习特征。

在小班集体活动“好吃的冷饮‘八次方’”中，活动内容包括认识盒子、猜猜这是什么盒子、装的是什么样子的冷饮、辨认形状和数数盒子里有几块冷饮、小组一起品尝、一盒冷饮怎么分、说说口味、习惯养成。教师巧妙地将辨别形状、数数、数包含、品尝感知、行为习惯的教学内容有机地融合在活动过程中，这样的内容安排既是整合的，也是与幼儿生活经验背景相适应的、可以自然地不断生成和深化的。

再如在“蜗牛的屎”教育活动中，教师预设的问题是“蜗牛的屎是什么颜色的?”，然后请幼儿给蜗牛喂不同的食物（红番茄、白菜、青菜、泥土），经过观察蜗牛的屎后，师生共同讨论然后得出结论。这样的学习内容对幼儿来说具有自然性、开放性，因为最终得出的结论也并非是完全整齐划一的，而是开放而多样的。

4）多元性、整合性。教育内容的多元性、整合性是指教师对教育内容的设计安排能够体现将各领域的关键经验进行有机的、自然的整合，同时亦体现将某些发展领域中的内容围绕某个主线（某个领域），结合其他领域方面统整到某一主题中。这种整合在内容上各领域彼此间是有内在关联并由逻辑主线贯穿的，它是一种自然而有效的整合。

如在大班“夸夸南京路步行街”活动中，活动的主线是一个涉及音乐领域的内容，让幼儿尝试为歌曲配上富有节奏的语言旁白以进一步表达对南京路步行街的喜爱与了解。这样的活动内容既有音乐素质的节奏练习，又有规范语言的模仿与创造，更有爱家乡、爱自己居住环境的美好情感的熏陶和培养。

又如在小班“洗澡真开心”活动中，活动的主线是认知科学领域方面的内容，教师在设计中通过情境渲染、动作模仿，让幼儿认认说说自己身体上主要部位的名称，了解一些常用的、熟悉的沐浴用品的名称，交流它们的不同用法等过程内容，同时，也自然带动了幼儿愿做一个“香喷喷”宝宝的愉快情绪情感体验。可见，这样的活动内容设计不仅整合了幼儿已有的生活经验、认知经验，而且能够在自然、多元的整合中进一步带动、丰富和加深幼儿的情感体验。

(4) 对教育活动环境材料的评价　教育活动是在教师一定的目标和内容预设前提下进行的活动，其中，对环境和材料的创设是很重要的一个方面。因此，对教师“教”的评价，活动环境材料的创设是不可或缺的一项评价内容。

1）相宜性、启发性。在幼儿园教育活动设计与指导中，环境材料的创设和利用既是满足幼儿探索、操作和合作交往等活动的基础条件，也是保证教学方法能够充分发挥有效价值的重要前提。教师对活动环境和材料的创设与提供，首先必须与活动的目标定位、内容主题相适宜，即环境和材料的设定是能够为目标的达成和内容的学习与体验所服务的，而不只是为了追求形式上的环境和材料；其次，相宜性还表现在环境与材料的呈现方式是与幼儿的年龄特点和主题内容相吻合和一致的，而不只是为了追求新奇与丰富。

例如，在“教师节，老师、阿姨在干什么”的主题活动中，教师创设了“看录像”的环境，通过这一环境可以让小班幼儿更真切地感受和了解到当自己在午睡时，老师正在为自己盖毯子；当自己在做游戏时，厨房阿姨正在汗流浃背地在烧饭……这样的环境设计不仅符合小班幼儿具体形象的认知特点，也能够帮助他们加深对主题内容的理解和感受，体会到老师、阿姨对自己的关心以及她们工作的辛劳。

对于环境和材料的设计与选定，在体现相宜性的同时，启发性也是随之而生的。只有适宜的环境和材料才能充分发挥在幼儿认知、情感、个性、社会性等方面发展上的启发作用和价值，而在教育活动中，这种环境和材料的启发性尤以对促进幼儿概念建构、探索发现、认知冲突、积极思维等更显其价值。

2）多样性、开放性。评价教师对环境和材料的创设，除了相宜性和有效性，丰富多样和开放性也是不可忽视的，尤其是随着现代化教育手段和多媒体课件的广泛运用，教师可以尽可能地调动和布置多种资源和环境，更多样而开放地设计和使用环境与材料。当然，在体现环境和材料的多样性、开放性的过程中，教师必须从环境、材料在实际教学运用中的功能和价值出发，把握好“度”。一般来说，当学习内容较远离幼儿生活经验或背景时，教师可以利用录像、课件展示实际生活的真实情景，以丰富幼儿的生活经验，进而拓展能够共同交流的话题，进一步引发幼儿表达、表现。而当学习内容贴近幼儿生活或预知大部分幼儿有相关经验背景时，教师则可以利用照片、图画等平面环境布置来引发幼儿对已有经验的回忆，进而推动幼儿进行大胆自主的分享交流以及更进一步的问题探究。

讨论

请用表格的形式将对教师“教”的评价进行归纳一下。

例如，在“我长大了”主题活动中，教师布置了一组幼儿小时候的照片、物品、绘画作品等环境，借助这些环境和材料来激起幼儿的回忆交流，引发幼儿讨论“我的本领从哪来”“我还想学会什么本领”等。

此外，幼儿园教育活动的组织有其空间形态和时间流程。如果说空间形态的建构主要表现在教育活动形式上，那么，时间的控制则主要表现在对教育活动过程各个组成部分的安排序列上。所以，评价教育活动，组织形式和结构程序也应当在其列。在幼儿园教育活动设计中，根据幼儿的年龄、活动目的、内容、参与活动人数的不同，可以采用不同的组织形式，可有集体教育活动、分组活动、先分组后集体或先集体再分组等不同形式；从活动空间来说，或室内或室外；从幼儿活动的场地设置来看，可以是马蹄形、自由结伴形、秧田形、直条形等。这些安排的关键在于哪种形式最能符合幼儿本次学习的特点与要求，能够既有利于目标的达成，又保证信息渠道的多元、畅通和快捷，能够把信息在传递过程中的流失量控制在最小范围之内。

总之，从优化教育活动的角度来说，以上对于活动组织形式、时空设置等方面都是需要从教师这一角度给出评价的，只有对教育活动系统中的每一个相关因素作出充分、合理的思考与评价、调整，才能真正确保和促进教育活动的优质、高效。

2. 对幼儿“学”的评价

对于幼儿园教育活动的评价，在相当长的一段时间里是以对教师教学的评价为主要切入点的，评价内容包括教师的教学设计、教学内容、教学过程、教学方法、教学特色、基本素养等方面（见表5-4），体现出一种“以教为主”“以教评学”的评价态势。

表 5-4　幼儿园一日活动评价记录表

评价类目		评价等级										KP代码	参照标准（优）
		优		良			中			差			
		10	9	8	7	6	5	4	3	2	1		
总体印象评价													
评价指标	1. 目的内容（0.26）												1. 目的明确，要求具体适度，切合幼儿实际；保教结合，体、智、德、美互相渗透；活动内容正确、合理
	2. 过程方法（0.32）												2. 结构合理完整，程序严密紧凑，环节交替自然有序；方法、手段、形式的运用符合内容需要和幼儿实际；面向全体，注重个体差异，因人施教，善于处理偶发事件；以游戏为基本活动形式，注重游戏的教育作用
	3. 基本素养（0.22）												3. 热爱幼儿，能全面观察了解幼儿，坚持正面教育，教态亲切自然，处处为人师表；语言准确生动，富有启发性，讲普通话；调控应变能力强；创设和利用与教育相适应的良好环境；熟练掌握幼儿卫生保健技能，演示操作熟练正确
	4. 即时效果（0.20）												4. 达到预期教育目的和要求，幼儿情绪愉快，主动参与，思维活跃，促进良好习惯的形成，促进幼儿能力和个性得到全面发展
加分幅度		1.0		0.9		0.8	0.7	0.6		0.5			
特长加分													评价意见：
加分理由：													

使用说明：

1. 评价人按总体印象在相应等级栏内打“√”。并在 KP 代码栏内填写相应代码。

2. 将有关活动状况与评价指标参照标准（优）逐条对照衡量后，在相应等级栏内打“√”，并在KP代码栏内写上相应代码。
3. 特长加分是指评价指标得分不足以充分表达而需要加分的。加分幅度可在“0.5~1.0”的相应栏内打“√”，并在KP代码栏内写上相应分值。

幼儿园________班级________执教者________

时间________年________月________日 上午（ ）下午（ ） 评价人________

从表中可以看出：“幼儿园一日活动评价记录表”中的评价内容主要涉及对目的内容、过程、方法、教师基本素养、教学即时效果的评价，这些均是从教师角度出发的评价。对活动的主体即幼儿的学习过程、学习方式、学习实效等关注不够，甚至“忽略不计”。在上述评价体系的导向下，教师关注最多的自然是自己是否完成教学任务、教学的重点和难点是否得到解决；而对教学环境的创设、幼儿的学习状况（包括态度、方式、能力、个体差异等）就会相对忽视。

事实上，教育活动的最终目的是促进幼儿的发展和提高，而幼儿作为教育活动中的每一个活生生的、带有自主意识和愿望的个体才是最需要关注的，“从幼儿出发”“以幼儿为中心”“以幼儿发展为本”正是教育实践者需要在教育活动的设计、实施以及评价等方面用真真切切的理念和行动去付诸实践的。

随着教育理论和教育改革的推进，教师们也逐渐地认识到教育活动的真正价值在于促进幼儿的整体素养，在于激发幼儿的主体意识和创新意识，在于鼓励幼儿富有个性化的表达表现。教师与幼儿的双主体角色是教育活动评价要素中的一个重要方面，教师是教育活动过程中的施教主体，从教师出发的评价只是一个方面，幼儿是教育活动过程中的学习主体，因此，评价必须从过多地关注教师如何“教”转变到同时关注幼儿如何“学”，并关注幼儿在学习活动中多方面潜能的发展过程，体现“以学评教”。

从幼儿学习出发的评价，对幼儿参与活动状态的关注主要涉及六大方面：情绪状态、注意状态、参与状态、交往状态、思维状态、生成状态。因此，对教育活动过程中幼儿的“学”进行的评价可以包括以下几方面的内容：

（1）幼儿对教育活动的参与度　主要评价在教育活动的进行过程中幼儿的注意力集中程度；在学习、探索以及表达表现活动中的积极性、自主性、能动性程度等。

（2）幼儿的情感态度　主要评价幼儿在教育活动过程中的情绪状态，包括在活动中表现出来的学习态度、情感语言、动作等。

（3）幼儿在教育活动中的互动程度　主要涉及对幼儿在教育活动过程中与他人（幼儿和教师）互动交流状况的评价，包括活动中与他人的合作交流与互动的次数、形式以及有效性等方面。

（4）幼儿在教育活动中的能力　主要评价教育活动中幼儿在能力发展水平上的表现和反映，包括活动中的语言表达能力；敢于提问、经验迁移、分析判断等思维发展能力；动手操作能力以及创造性表达能力等。

（5）幼儿的学习方式　主要评价幼儿在教育活动中所表现出来的学习风格以及采用的倾向性学习方式和策略，包括其学习方式的多样性、个别性、独特性程度和表现。

（6）幼儿的学习习惯　主要评价教育活动中幼儿对学习、探索活动的坚持性；克服困难的勇气和毅力；善于倾听他人、接纳他人意见以及与他人友好合作、交流协商等方面。

以上几个方面的评价内容，可以以量化等级的评定方式显现在“教育活动评价记录表”中，与以评价教师为主的对活动目标、内容、环境材料、方法等的评价一起，共同构成一份比较完整而全面的评价表（见表5-5）。

从幼儿出发对教育活动的评价，重点在于对幼儿学习有效性的评价，即突出对幼儿参与活动的有效性的评价。但是，作为教师或评价者应当认识到，教育活动中显现出的某些现象往往带有一定的表面性；在有些活动中，表面看来幼儿有讨论、游戏、操作、表演等学习方式，但究其实质，幼儿还是被动地按照教师的要求、指令进行着看似热闹的操作或合作，实际上有部分幼儿并不知道做什么、为什么做、如何做。幼儿的“动”仍然是由教师牵着鼻子的“动”，对幼儿来说，仍是一种无效的参与。因此，要注重和体现教育活动的实际效果，强调面向全体幼儿，使每一个幼儿在原有基础上获得最大限度的提高和发展，评价就不能仅仅通过表面的、定量的形式来进行，而应当结合深入的、全面的、实录式的、描述性的观察和记录来展开，这种评价可以以“幼儿园教育活动综合评价记录表”的方式进行（见表5-6）。

表5-5　幼儿园教育活动定量评价记录表

评价项目 \ 评价指标		好	较好	一般	差
幼儿	参与度				
	情感态度				
	互动情况				
	能力表现				
	学习方式				
	学习习惯				
教师	活动目标的设计				
	活动环境材料的准备				
	活动内容的预设				
	活动的组织与指导				

表 5-6　幼儿园教育活动综合评价记录表

<table>
<tr><td colspan="2">活动名称</td><td></td><td>班级</td><td></td></tr>
<tr><td colspan="2">活动时间</td><td></td><td>执教者</td><td></td></tr>
<tr><td colspan="2">项目　记录</td><td>原始记录</td><td colspan="2">分析与评价</td></tr>
<tr><td colspan="2">活动基础</td><td></td><td colspan="2"></td></tr>
<tr><td colspan="2">活动目标</td><td></td><td colspan="2"></td></tr>
<tr><td colspan="2">活动内容安排</td><td></td><td colspan="2"></td></tr>
<tr><td colspan="2">活动环境创设</td><td></td><td colspan="2"></td></tr>
<tr><td colspan="2">活动材料准备</td><td></td><td colspan="2"></td></tr>
<tr><td rowspan="3">活动过程</td><td>教师的组织与指导</td><td></td><td colspan="2"></td></tr>
<tr><td>幼儿的参与态度与学习方式</td><td></td><td colspan="2"></td></tr>
<tr><td>师幼之间的互动</td><td></td><td colspan="2"></td></tr>
<tr><td>活动效果</td><td>幼儿的能力和水平</td><td></td><td colspan="2"></td></tr>
</table>

这种评价以描述性的、实录式的语言，通过对教育活动目标、内容、材料环境创设、活动过程中的教师与幼儿等方面情况的原始记录，以统计与分析参与活动的幼儿人数、时间、参与广度、师生互动的频率、环境材料的适宜性等问题，来找出影响幼儿参与程度的主要因素，寻找有效的教育教学方法，以促进幼儿真正有机会能够按“自己喜欢的方式”进行学习。

在上述六个方面关于教育活动中幼儿“学”的评价中，对幼儿学习方式的评价是值得教师尤为关注的，这是因为对于教师来说，在评价展开之前首先必须去了解幼儿的学习方式，只有了解和把握自己的教学对象所具有的不同学习形式，这样教师才能更好地设计、组织和评价教育活动。哈佛大学的加德纳博士 1983 年在《头脑结构：多重智能理论》一书中曾经明确提出多元智能的理论，并且认为不同个体的学习风格和方式至少有以下七种：

- 自然学习者。喜欢踢脚，挥手，活泼好动。他们似乎总是无法安静地坐下来。手脚在动时，他们就会感觉良好。所以角色扮演、实物操作或动作表演是最佳的学习途径。

- 交际型学习者。擅长交往，助人为乐，积极合群，习惯于与人交流。喜欢团队活动和小组讨论。相互合作的游戏、同伴配合的研究、分小组进行的活动是最适合他们的学习方式。

- 内敛型学习者。很害羞，他们并非不爱交际，只是更喜欢独立行事。学习知识技能时，自由发挥、独立操作、研究观察的活动是他们获取知识的最佳途径。

● 语言型学习者。能言会道，酷爱读书。他们一般喜欢演讲、写诗、朗诵。讲故事、听讲座、读读写写是最适合于他们的学习形式。

● 音乐型学习者。习惯于哼着小曲儿，他们爱唱歌，乐感好。他们不一定是出色的歌唱家或音乐家，但寓教学于音乐的活动最有益于他们学习新的知识技能。

● 视觉型学习者。喜欢涂鸦，对色彩敏感。通常喜欢画画、雕刻、绘制图表。他们从画图表、看流程图、绘制地图以及表演示范等教学活动中受益最多。

● 数学型学习者。通常喜欢对事物进行计算、分类，喜欢做脑筋急转弯的题目。学习知识技能时，他们从科学实验、循序操作、数学计算中获益最多。

可见，不同类型学习者在学习活动中所表现出的风格、长处以及适宜的学习方式是各不相同的。其中，体验、尝试、发现、合作等都是幼儿重要的学习方式。在教育活动评价中，教师应当重视对幼儿学习方式的多样性、个别性与差异性的评价。如在欣赏《摇篮曲》中面对教师“安静听一听，听了这段音乐，你好像看到什么?”的提示，有的幼儿一边听一边会按捺不住地用肢体动作来表现自己的理解，说明这类幼儿学习方式更多的是肢体型；有的幼儿能较长时间地、安静地、专注地倾听，说明此类幼儿的学习方式更多是听觉型的。可以这样说，幼儿的学习方式并没有优劣之分，唯有不同之别。基于这样的认识，教师在评价中才能公正、合理地把握每个幼儿不同的学习方式，真正体现幼儿学习的有效性。

总之，关注幼儿的学习方式，也就是在评价教师教育理念的转变、教学方式改善的同时，更要关注在倡导幼儿主动参与、乐于探究、勤于动手、善于合作的更多样、更开放、更自主的学习方式的背景下对幼儿学习状况和发展水平的评价。

3. 对幼儿发展的评价

在对幼儿“学”的评价中，幼儿学习能力和发展水平也是重要的一项评价内容和指标。幼儿园教育活动的根本目的在于促进幼儿的学习和发展，而教育活动的设计又是在一定的目标导向基础上的，所以，对学习结果即活动效果的评价自然成为评价中不可或缺的一部分。而当前的幼儿园课程是以整合式、主题式的脉络和结构而展开的，在一个幼儿园教育活动中所能反映和呈现的幼儿能力和发展水平方面的信息也是交叉而多元的，它可能涉及不同的智能领域。

因此，在幼儿园教育评价的实际操作中，可以将幼儿的发展性指标加以整理，从不同的智能发展领域出发，与《幼儿园教育指导纲要》（试行）中的幼儿能力发展评估项目和内容相结合，构成一份较完整且可操作的“幼儿能力发展水平评估表”（见表5-7）。这样的评估表是给每位幼儿准备的，也是可以通过对若干次教育活动和一日生活的其他活动来加以记录和作出总结性评价的。

表 5-7　幼儿能力发展水平评估表

知能项目	评估项目	内　容	达成情况	记录时间	备注
肢体运动智能	运动能力	走、爬动作协调			
		能重复自己和模仿他人的一些动作			
		有运动意识，能充分活动自己的身体			
		能根据节奏的变化进行各项运动			
		动作灵敏，有一定的平衡能力及耐力			
语言智能	倾听阅读	能听懂普通话，能安静地听简短的故事			
		能听懂教师说话的意思，乐意接触幼儿艺术作品			
		能倾听别人讲话，喜欢阅读			
		有良好的阅读习惯			
		关心常见的符号、标志和文字			
	语言表达	乐意开口说话，表达自己的需要			
		能用普通话表达自己的意思			
		能清楚表达自己的意思并回答问题			
		能围绕一个话题与人交流，并进行讨论和对话			
		能在集体或公众场合大胆地表达意见			
空间智能	技能展示	喜欢拼图、迷宫、棋艺等游戏			
		理解生活中的距离、时间、空间等概念			
		喜欢画画，对色彩敏感			
		能对玩具、材料、声音等产生联想			
		会大胆地画图、制作、构造			
		乐意模仿声音、音乐动作			
		大胆和同伴一起表演唱歌、舞蹈等			
		能在音乐活动中自然地表达自己的情感			
		初步具有音乐表现能力			

续表

知能项目	评估项目	内容	达成情况	记录时间	备注
人际智能	适应集体	愿意上幼儿园			
		情绪愉快地参加幼儿园的各类活动			
		能遵守幼儿园集体生活中的规则，并能控制自己的行为			
		在集体活动中会商量提出规则，共同遵守			
		在各类不同场合，表现大方，不怕陌生			
	交往合作	在集体活动中愿意与同伴一起玩			
		愿意与同伴共同使用材料与玩具			
		理解他人的行为，学会协商			
		能与同伴分工，合作完成任务			
		会吸取、充实和运用别人的想法和主意			
	关爱情感	喜欢教师，亲近同伴			
		初步理解别人的想法与情感			
		当别人不愉快时能学着安慰别人			
		能用适当的方式表达自己对他人关心的情感			
		有同情心，当别人需要时能提供帮助			
内省智能	认识自己	知道自己的名字，会应答，能辨别自己和他人的东西			
		会自我保护，遇到意外能寻求帮助			
		能表现自己的情感、经验和成功			
		对自己的行为、言语有初步的评价能力			
	自理能力	在成人的帮助和指导下会进餐、盥洗、入睡等			
		能根据自己的需要如厕、喝水			
		会穿、脱衣服，使用筷子			
		会整理自己的物品并放在规定的地方			
		独立完成日常生活中力所能及的事情			
数理逻辑智能	数形时空	能察觉生活中物品的大小、多少及形状颜色的不同			
		尝试对物品进行比较、对应、分类、排序等			
		初步理解数量、重量、空间距离等概念			
		认识数字，会用简单的方法进行估算、测量等			
		在生活游戏中，能感受数量关系，会进行一定的比较和推理			

续表

知能项目	评估项目	内　容	达成情况	记录时间	备注
自然观察智能	基本常识	能认识和识别与生活密切相关的人和物			
		知道周围环境中常见的人和物体的显著特征			
		了解人与动物、自然现象、社会环境之间的简单关系			
		有收集和了解周围主要文化景观和社会信息的兴趣和初步能力			
		对不同地域、民族的风俗文化有初步的了解			
	探索操作	对周围事物好奇，喜欢摆弄物品			
		能观察、照顾自然角，对其变化敏感			
		在游戏中会创造性地运用材料			
		运用各种工具和材料进行制作与小实验			
		能尝试接触和运用多种媒体			

二、幼儿园教育活动评价的原则

原则是人们行为和工作所依据的法则或标准，作为必须遵守的基本要求，幼儿园教育活动评价原则不仅具有理论参考价值，而且更具有实践指导意义。其基本原则包括：

1. 科学性原则

教育活动评价的科学性原则要求在评价的实施中，评价者不能单凭主观经验或直观感觉来评定和判断教学质量或幼儿发展能力与水平，而必须采用科学合理的评价方法、手段和工具来展开评价。

科学性原则首先体现在评价展开之前，教师应对评价的对象、内容以及评价的依据做认真的考虑，应当明确为什么要评价、满足什么需要、解决什么问题、应当收集哪些方面的信息和数据、要采用哪些测量或评估手段、在什么时间和场地进行评价等一系列问题，即充分做好评价前的准备；其次，科学性原则还体现在评价的实施中，评价方法和手段要具有相当的科学化标准，能便于评价者的合理操作和实施；再者，科学性原则还应当体现在评价者必须综合考虑教育活动各相关因素间的相互关系和作用，从静态和动态两方面实施评价，即既考虑量化的评价指标又体现对质性评价手段的运用。

2. 全面性原则

评价是每位教师日常教学工作中不可缺少的一个部分，其核心是通过获取信息来作出判断，它是以确定学生的能力水平、测定教学的效果、调整教育过程、通过反馈激励来促进学生的学习为主要目的的。为了更好地发挥评价在促进学生发展、教师专业能力提高和改进教学质量上的功能，评价者在实施评价中应当遵循全面性原则，它表现在两层含义上：

（1）应全面评价幼儿的发展水平，即评价的内容应反映幼儿的整体发展水平，而不仅仅是在认知发展层面上的能力水平，还应当包括幼儿的自我意识、群体意识、环境意识及基本素质和能力的发展；要防止评价内容只关注于教学或课程的片面化倾向，而是使评价的视角更全面而多向，同时关注对幼儿学习兴趣、态度、情感、交往、学习风格、学习习惯、自理能力、适应集体、遵守规则等多方面的考查和评价。

（2）评价的渠道应体现全面和多样，即评价者既可以通过在日常活动中采用观察、记录、交流等多种方式进行对教育活动中教师和幼儿层面上的评价，也应当把来自于家庭、社区等多种渠道的信息作为一种评价的途径。应当树立起评价是教师、幼儿、家长及管理部门共同参与和合作的一个过程的理念，而不是以往那种家庭和社会不参与评价，只是了解幼儿评价情况的状态。

3. 尊重性原则

所谓尊重性原则是指在教育活动评价的实施中应充分体现对被评价者的尊重，无论是对幼儿的评价还是对活动中教师的评价都应当坚持客观、公正的态度，同时应以激励、发展与正面肯定为主，帮助教师或幼儿发现、发扬长处，弥补不足。

行政管理者对教育活动中教师行为的评估和鉴定，更要体现尊重和鼓励的原则，因为评价的目的不是甄别和选拔，评价者应善于发现、充分肯定教师在教育活动中的成功和创新之处，也可以让被评价者（教师）一起参与评价，从而激发教师主动进行教育活动后的自我反思，加强对教育活动的调整和再探究。因此，活动评价应该建立评价者和被评价者之间的平等关系，使教育活动评价更好地体现出客观性、公正性，以达到评价促进教育活动改革和提高活动质量的作用。

4. 个别化原则

幼儿作为一个发展个体，全面性和个性是其发展的两个不同方面。作为教育者，既要全面关心幼儿群体的发展，也要关注幼儿作为独立个体的发展需要和潜力。因此，对于评价来说，既要关注幼儿的全面和谐发展，也要关注幼儿某一方面的突出表现和潜在能力，为其个性化、个别化的发展和生成留有空间。

在教育活动评价实施中的个别化原则是指评价者或教师应当从幼儿的不同潜能和个性出发制定评价手段和方式，如以“幼儿成长档案记录袋”的形式，既能记录评价幼儿的现有能力水平，又能了解幼儿的成长过程和发展方向。此外，个别化原则还指教师应当遵从幼儿的个别差异，可以视评价的实际情况，在活动的一定情境范围内针对不同的幼儿有不同的观察和记录着眼点，体现评价的弹性化、个性化。

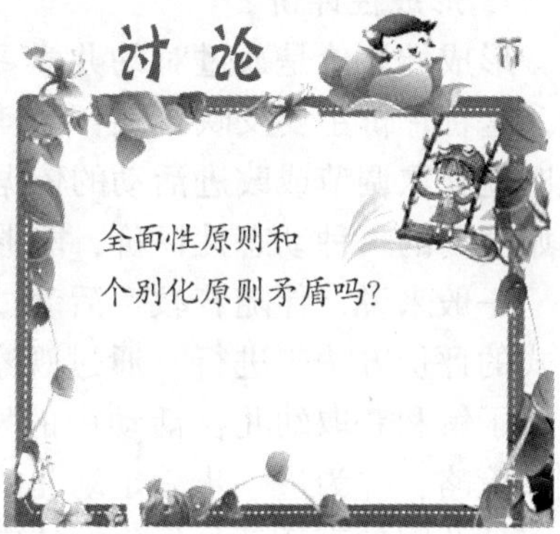

5. 情境性原则

由于教育活动是在特定的环境与背景下由不同的个体参与而发生的活动过程，因此，对教育活动的评价就不可能脱离其特定的情境性。脱离了具体和特定的情境对活动中的各项内容和要素的评价往往是标签式的、等级式的且有失偏颇的简单评价。

在教育情境中，评价也就是把获得的幼儿学习的信息与评价标准进行比较并作出判断和决定的过程。作为评价者，应当跟踪幼儿的真实生活和学习情境，观察与记录他们在实际情境问题中的参与、操作、实验、交流、合作、态度等方面的状况并作出分析和评价。把握和提倡评价中的情境性原则，更关注的是幼儿的学习过程而非学习结果，更强调的是评价的过程性、现场性和即时性。

知识点 2 幼儿园教育活动评价的方式

随着教育评价理论的不断丰富和发展，人们从不同的观点和视角出发对评价的类型和模式展开了讨论，既有标准化的测验或自我性的评估，也有局部性的诊断或终结性的评定，等等，而每一种评价类型和模式都是与恰当的目标选择、期望的结果获得和一定的限制性条件相联系的，换言之，每一种评价类型和模式都有其适用的条件和前提。邓肯哈里斯曾经把评价的类型划分为由八对相关变量构成的八种评价模式：

（1）过程性评价和结果性评价；（2）标准参照评价和常模参照评价；（3）学习者判断评价和教学者判断评价；（4）个人评价和群体评价；（5）正式评价和非正式评价；（6）连续评价和终结评价；（7）形成性评价和总结性评价；（8）内部评价和外部评价。

虽然评价的模式按照一定的维度可以分为以上几组，但是，实质上它们彼此之间并不是完全独立和互斥的，在评价的实际运用中它们往往是相互交叉的，这样的分类只是为我们更好地选择和使用评价及其技术提供一定的理论依据。而幼儿园教育活动的评价，相对来说是一个涉及对更具体、更微观层面的现象、个体或群体所做的评价；因此，在一般情况下比较显见和常用的评价模式及一般方法有以下几种类型。

一、形成性评价和总结性评价

1. 形成性评价

形成性评价是通过对幼儿学习进展情况的评价，进而影响学习过程的一种评价模式。这种评价主要反映在教育活动的持续进行过程中，通过了解、鉴定教育活动的进展及时地获取调节或改进活动的依据，以提高教育活动的实效。它是伴随着活动的进程而自始至终的一种动态性评价，能够获取的评价信息大、范围广。

一般来说，伴随着教育活动过程的形成性评价可以通过观察、谈话、作品分析等非正式的评价方法来进行。通过观察幼儿具有典型意义的行为表现或积累一定的幼儿作品，了解和获取幼儿在活动中的发展状况和信息，以促进教师及时地调整教育活动环境、策略，并为进一步满足幼儿的学习需要和支持其深入学习与探究提供依据。

幼儿园教育活动是发生在特定的情景和背景之中的，是由不同的教师、幼儿和环境之间的互动构成的。教育活动本身是一个动态的、变化的、带有不确定性的过程；因此，伴随着活动的进程，对构成活动的诸多要素之间的关系而进行的评价也是一种动态的过程。对于教育活动的实施来说，形成性评价对于及时获取有效信息，把握活动状况、幼儿需要，调整教学指导策略，促进幼儿的有效学习具有重要的作用。

2. 总结性评价

所谓总结性评价是指在完成某个教育活动或某个单元性、阶段性活动之后进行的总结和评定，它是与目标的达成程度紧密相关的。总结性评价的目的就是对教育活动目标达成程度的测定，它通常是在教育活动之后所实施的一种评价。

形成性评价和总结性评价模式从运行时间上可以反映出它们的差别所在，而若从功能的角度而言，它们之间的差别也就是过程性评价和结果性评价的差别；相对来说，形成性评价更注重活动过程，总结性评价则更注重活动结果。

二、正式评价和非正式评价

1. 正式评价

所谓正式评价是指评价者富有计划性、目的性和针对性实施的评价，一般往往是采用量化的方式来进行的。体现在教育活动中，多表现为上级行政部门、幼儿园管理层根据一定的目的和计划而开展与实施的评价，常见的有各个层次的教学活动评优等，一般采用量化和分数或等第式的评价表（见表 5-8、表 5-9、表 5-10）。

表 5-8　幼儿园教育活动评价表（一）

________幼儿园　________班　活动名称________　执教教师________

评价项目	评价要点	评价等级			
		优	良	中	差
目标	年龄适宜性				
	具体操作性				
	整合可行性				
	实际达成度				
内容	适宜年龄班				
	与目标一致				
	科学合理性				
	自然生活性				
方法（手段）	环境材料适宜				
	灵活多样整合				
	实效性				
教师	讲解的有效性				
	策略的适宜性				
	评价的全面性				
	个别的关注度				
幼儿	投入程度				
	互动机会				
	适度挑战				
	习惯态度				
总体					

评价者：　　　　　　　　评价日期：

表 5-9 幼儿园教育活动评价表（二）

________幼儿园 ________班 活动名称________ 执教教师________

评价项目 \ 分数	10~8（分）	7~5（分）	5~3（分）	3~1（分）
教学环境				
教学目标				
教学内容				
教学过程				
教学方法				
教学手段				
师生互动				
学生主动性				
教学特色				
总分				
总体评述				

评价者： 评价时间：

表 5-10 幼儿园教育活动评价表（三）

________幼儿园 ________班 活动名称________ 执教教师________

项目 \ 等第		好	较好	一般	差
教学目的	明确度				
	整体性				
教学内容	综合性				
	指向性				
教学方法	科学性				
	恰当性				
	针对性				
	合理性				
教师基本素质	组织能力				
	教学环境创设				
	教学民主				
	教学技能				
幼儿即时表现	情意态度				
	学习习惯				
	认知水平				
总体评语					

评价者： 评价日期：

2. 非正式评价

非正式评价通常是指发生在教育活动过程和特定活动情境中的，不自觉地进行着的对学习者的行为语言以及教学活动现象或事件等的观察和评定，它是教师在与幼儿日常接触及互动过程中通过不断地了解幼儿，进而形成对幼儿的某种判断与反馈的一种评价方式。这种非正式评价一般很难量化，具有较大的主观性和隐蔽性，但教师非正式评价的目的也是为了更好地了解学习者的需要、学习风格、认知特点等，以帮助和促进幼儿的学习。同样，在教育活动过程中，这种非正式评价有时也会发生在幼儿身上，并反过来对幼儿的学习和学习氛围产生一定的影响。如幼儿对教师的非正式评价若是积极的，那么，无疑将会促进幼儿对学习的积极心和强烈的内部动机，促进幼儿与教师的交流和互动，有利于营造平等而和谐的学习环境和氛围。

在幼儿园教育活动中，教师作为评价者采用非正式的途径对活动中评价信息的收集也是十分常见且极有意义的一项工作。一般来说，这种非正式的评价与评估有以下几种方法（见表5-11）。

表5-11 非正式的评价与评估方法

方法	目的	指导方针
观察： 观察幼儿——通过系统的方式观看幼儿	使教师能够鉴别幼儿的行为、将幼儿的表现情况编成文档，并且作出决策	制订观察计划，并且清晰地了解观察的目的
真实记录： 真实记录以幼儿的表现为基础，以现实活动为基础	有助于决定幼儿是否正在将他们所学习的内容应用到现实环境之中	确保评价的内容与现实事件相联系，确保学习者参与到完成任务的过程中，确保教学在评价之前就已经提供给幼儿
轶事记录： 对事件或者行为做出简短的叙述性解释	对行为的特殊原因提供洞察力，为具体的教学策略制订计划提供基础	仅仅记录观察到与听到的内容；应当对事实进行处理，应当包括环境（例如行为在哪里发生）以及说了什么、做了什么
即时记录： 集中强调随着时间而发生的事件的系列过程	帮助对一段时间内的行为获得一个更加详细的了解与审视	保持客观性，努力尽可能多地将细节记录下来
事件取样： 集中强调一个特殊事件中的特殊行为（例如午餐时间的行为；户外活动的行为；阅读小组中的行为）	帮助审视一段时间中、一个特殊事件中的行为	在一个特殊时间内，辨别一个被观察到的目标行为（例如在交接活动中的争斗）

续表

方法	目的	指导方针
时间取样： 在一个特殊的时间段中（例如5分钟或10分钟），记录特殊的事件或者行为	帮助识别一个特殊的孩子什么时候展示特殊的行为。帮助回答问题："幼儿一直在开展活动或者仅仅在一定的时间与事件中才这么做？"	仅仅在特殊指定的时间段中进行观察
分出等级： 包含有一套行为的一张表格	在观察之时，使教师能够记录数据与资料	选择适合于分类内容的分级类型。确保主要的描述工具与分类方法适合于被观察的内容
检查表： 辨别幼儿能够完全与不能够完成的一套行为表	使教师能够很容易地观察与检查幼儿了解与能够完成的内容	确保检查表包括对教育方案与学习都很重要的行为（例如从1数到10，单脚跳跃）
作品样本： 对幼儿作品的收集，这些作品展示幼儿了解与能够完成的内容	提供具体的学习例子；能够显示随着时间的进行所取得的成长与成绩	确保作品样本展示幼儿了解与能够完成的内容。让幼儿帮助选择他们想要用来作为他们学习例子的作品项目
文件夹： 幼儿作品样本的收集	为幼儿在特殊领域的成绩提供文件记录。能够包括测试分数、录像带等	文件夹不是垃圾存放处，而是经过深思熟虑的、在一定时间内记录学习情况的材料的收集
访问： 使幼儿通过问题参加讨论	幼儿能够被要求对行为、作品样本或者特殊的答案做出解释	为了深入观察对幼儿处于所有水平上的学习，可以提出布鲁姆分类学所有水平上的问题

其中，观察是最基本也是最广泛使用的评价方法之一，它的作用在于收集信息，为作出决策、提供建议、制定和调整策略、促进教师的教学反思以及评价幼儿的成长发展与学习打下基础。根据观察的目的和时空条件的不同，可以将观察分为自然条件下的观察和情景背景中的观察两大类型，一般前者比较多见而常用，它又可以分为描述性观察（如日记描述、轶事记录等）和抽样性观察（如时间抽样、事件抽样）。

（1）观察的目的　教师在教育活动中不同时段、不同类型的观察，主要的目的有以下几个方面：

- 确定幼儿在认知、语言、身体、个性、社会性、情感等方面的发展水平和特点；
- 鉴别幼儿的学习风格和方式；

- 为满足幼儿需要，进一步制定和调整学习计划；
- 为家长提供反馈信息；
- 帮助和促进自我的教学反思。

（2）观察的步骤　为了保证教育活动中教师的观察具有目的性和系统性，观察也应当按照一定的步骤和过程来进行。一般来说，它可以分为以下几个步骤：

- 制订观察计划，即帮助观察者设定一个目标，思考“为什么想要观察”，并指导观察者在观察实施中付出努力。它是观察过程的重要组成部分，能够使观察者注意力更集中，能更有针对性地实施观察。
- 实施观察，即采用一定的工具和手段来组织观察，以尽可能地使信息收集达到客观、明确和全面。在收集观察信息方面一般可采用的具体而有效的手段有卡片式记录、表格式设计等文本型的观察手段和录音机、摄像机记录等动态型观察手段。
- 解释观察材料，即将所收集到的观察信息转换为带有主观观点和视角的解释。它是观察者和教师所要做的一项重要工作，既有助于对幼儿行为和教学事件的分析与把握，也能进一步预测幼儿学习进展和方向并为教育活动方案的调整提供基础。
- 应用观察结果，即指教师作为观察者并根据观察的结果而采取、执行一定的行动。譬如教师根据观察的结果对环境、材料、活动方式、内容等的即时调整。

（3）观察的记录样式　一般来说，对教育活动的观察所运用的记录表可以有以下几种：

1）对教育活动中幼儿的个别式观察记录（见表5-12）；

2）对教育活动的片段式观察记录（见表5-13）；

3）对教育活动的整体式观察记录（见表5-14）。

这些观察记录表所收集的信息可以使教师更多、更深入地了解活动中的幼儿群体和幼儿个体，并在自我反思和分析评价的基础上促进其对教育活动的指导。

表5-12　教育活动幼儿的个别式观察记录

<table>
<tr><td>活动名称</td><td></td></tr>
<tr><td>幼儿姓名</td><td></td></tr>
<tr><td>性别</td><td></td></tr>
<tr><td colspan="2">观察与记录</td></tr>
<tr><td colspan="2">发生背景和环境</td></tr>
<tr><td colspan="2">指向或互动对象</td></tr>
<tr><td colspan="2">行为表现</td></tr>
<tr><td colspan="2">语言</td></tr>
<tr><td colspan="2">教师反思</td></tr>
</table>

表 5-13　教育活动的片段式观察记录

活动名称			
年龄班			
执教教师			
教育活动	发生背景和环境	事件/行为/语言（幼儿或教师）	评价与思考
记录			

表 5-14　教育活动的整体式观察记录

活动名称					
年龄班					
执教教师					
观察项记录	学习环境的创设	学习内容的设定	学习兴趣的激发	学习过程中与幼儿的互动、回应	教学方法和策略的运用
教师					
观察项记录	活动兴趣及参与态度	认知能力与思维水平	社会性合作与交往	自主表现与表达	学习习惯（坚持性、注意力等）
幼儿					

三、内部评价和外部评价

1. 内部评价

所谓内部评价是指参与者主体进行的自我评价，如学习者主体对自身的自我认识和评价，教学者主体对自我的教学工作的评价等。在幼儿园教育活动实践中，教师作为评估者，根据一定的价值判断和评价标准对自己教学活动所进行的自我反思和评价也是相当重要而有意义的。对教师而言，对自己教学活动的分析与反思的自我评价是一种内在的行为，它能更自觉而有效地促进教师专业化能力的提高。

在当前的幼儿园课程改革和教师专业化成长的课题中都提出了对教师在教学过程中以研究者的心态置身于教学情景、以研究者的眼光审视和分析教学理论与教学实践中的各种问题，并对自身的行为进行反思，对出现的各种问题进行探究，对教学中的有效经验进行总结等方面的要求。那么，教师作为一个自我评价者如何展开反思呢？

讨论

请用自己的语言简要阐述内部评价主要目的和外部评价的主要目的。

（1）可以从幼儿学习的角度进行反思　幼儿是否全体参与活动；是否有多边交流、互动机会；思维是否活跃，敢于提出问题、发表见解；幼儿学习方式是否多样；幼儿学习时的情绪是有愉悦感还是紧张感；幼儿活动中是否有生成的问题出现，等等。

（2）可以从教师教学的角度进行反思　教师自己的教学行为与新的理念与方法有无不适应的地方；课堂设计与幼儿实际收获之间有多大差距；新旧知识的联系是否有效；对待幼儿是否公平、公正、热情、肯定；在课堂上自己是否注意与幼儿沟通合作；自己的思维方式对幼儿产生了什么影响；教学过程中用哪些方法帮助幼儿尝试多样的自主学习方式；用哪些方法来处理课堂中出现的新问题；教学中是否产生教学遗憾等。

作为一种内部评价，教师的自我评价过程实质上就是教师对课程和教学的一个反思过程。当代美国著名的社会学家斯甘认为，反思是教师对自己已有观念进行修正、替换、删减的过程，积极、自觉的反思可以使教师积累教学经验、提高教学素养，现代教师也被称为“反思从业者”；而美国学者波斯纳则提出了一个教师的成长公式：经验+反思=成长。他认为没有反思的经验是狭隘的经验，至多只能形成肤浅的知识。

当然，教师对自己教学的反思除了可以在自我评价中反思，还可以在他人评价中反思。总之，反思是教育活动中自我评价和内部评价的一种重要方式，是现代教师成长的阶梯，也是课程改革对教师专业化水平的需要与呼唤，教师有意识的自我反思和评价能更快地提高自身的课堂教学能力以及促进教学评价能力的提高。

2. 外部评价

所谓外部评价是指评价主体独立于评价对象之外所实施的一种他人评价。作为评价者，可以根据教育活动的评价标准对活动的实施情况进行价值判断，评价内容包括活动对象在教育活动中的表现（包括知识与技能、情感与态度、能力与习惯等），以及教育活动设计组织者的表现（包括环境创设、材料投放、教学目标、教学内容、教学方式、教学过程等）。

一般来说，评价者可以是幼儿园管理者、上级行政、同行教师等。由于不同的评价者的评价角色、评价目的有所不同，因而也就势必造成评价角度、评价侧重点的不同。上级行政部门、业务部门、督导部门的评价比较多地偏重于幼儿园的教学管理、教师队伍、家长工作、总体办园水平等方面；幼儿园园长、教科研人员的评价更多的是为了评价教师的教学水平，以便于考核评定、选拔人才等；而教师、教研组之间的评价则比较偏重于自我展示、研讨教学、分享经验、有效反思等。因此，对幼儿园教育活动外部评价的实施应当做到切合实际、针对实际和服务于实际。

四、个人评价和群体评价

1. 个人评价

所谓个人评价是指对参与教育活动过程的幼儿个体所进行的评价，评价的内容可以包括活动兴趣、参与态度、学习方式、互动与社会化程度、学习能力与习惯等方面。个人评价的目的是为了更好地描述个体、了解个体、帮助个体，进而促进个体的探索和学习。

2. 群体评价

群体评价是指对教育活动中参与活动的幼儿整体的评价，一般来说，这种评价倾向既可以体现在一些比较正式或量化的评价中，也可以运用在一些教师作为评价者实施的非正式评价中。前者的目的是为了判别和鉴定教育活动中幼儿整体在学习能力、认知水平、情感态度、交往合作等方面的目标达成程度；而后者的目的则是给教师提供群体倾向的相关信息，通过对呈现出的群体特点的分析来促进教师对活动的反思和调整与改进。

在幼儿园教育活动评价的实施中，对幼儿的评价既包括幼儿个体也包括群体。这两种评价模式各有不同的功能和价值，实施过程中，两者应当紧密结合，交替使用。

五、幼儿成长档案袋评价

在教育活动评价中，无论是量化评价或质性评价、形成性评价或总结性评价、内部评价或外部评价，评价者都旨在通过适当的方式支持和促进幼儿的学习。因此，“适当的评价”就成为学前教育专业工作者共同关注和讨论的话题。而在这场讨论中，一种倡导以学习者实际表现为基础的“真实的评价”得到了广泛的重视和认可，它认为对幼儿的评价应该建立在他们实际任务的基础上，而将任务标本——项目、表演、作品、实验、日记等与教师的观察与记录一起放进文件或档案袋中，成为该种评价的基本成分。在幼儿园教育实践中，这种突出“真实的评价”的一种典型代表就是“幼儿成长档案袋评价”。

1. 幼儿成长档案袋评价的含义

档案袋评价（Ponfolio Assessment）是20世纪80年代后，伴随西方“教育评价改革运动”所出现的一种质性评价方法，是一种强调“动态”的评价模式，这种评价也被称为“成长记录袋评价”“历程记录评价”或“学生学习成果记录评价”。

幼儿成长档案袋评价是对幼儿成长过程的档案式记录，通过幼儿作品及相关资料的收集、整理，记录幼儿在各类活动中体现出的个性、兴趣、态度、能力等表现，它是对幼儿发展中的真情实景以及发展轨迹的真实记载，是体现幼儿发展“动态评价”的最佳形式之一。

小锦囊

幼儿成长档案袋评价蕴藏在幼儿园课程与教育活动之中，对幼儿评价所建立的基础正是幼儿在课程与活动中并通过课程与教育活动为载体而呈现与完成的学习内容，因此，它是和课程与教育活动紧密相连的。

幼儿成长档案袋评价是一种涉及幼儿、教师以及家长共同参与和合作的评价过程，它能够促进家园之间的有效沟通，使教师和家长都能真实、清晰而全面地了解孩子的个人成长足迹。

从幼儿成长档案袋评价中还可以折射出教师的教育观、幼儿观、教学观以及教学方法、教学手段的运用能力。对于教师来说，评价与记录幼儿在教育活动中的发展与成长可以有多种形式与手段，可以是鉴定、描述、归纳等表格式评价记录，也可以是幼儿的档案式评价记录。档案袋评价作为体现多元评价的一种典型范例，可以促进教师有计划、有目的、有系统地去收集各类能反映幼儿在一定时段内的学习状况、学习特色、发展变化等方面的原始资料，并将这些资料汇集成册以便更进一步了解幼儿并检验与反思教学过程。

2. 幼儿成长档案袋评价的特点

（1）组织教育活动的“资源库”　幼儿成长档案袋为教师描绘出了每个幼儿真实的发展状况，因此，通过对幼儿档案袋的记载和查阅，教师就能够在对幼儿系统化、全面化了解的基础上，更好地拟定符合幼儿“最近发展区”的教育计划与方案，从而富有成效地促进幼儿和谐健康地发展。幼儿的“档案袋”是教师制订活动计划以及使计划得以实施的重要依据之一。

在幼儿园，教师常会不定期地展出幼儿活动的作品（或作业），而当幼儿又有新作品或者教师想更换原有的展品时，有些教师会让幼儿把自己的作品带回家，但时间一长，不是损坏就是被扔弃。如果把这些作品放入幼儿各自的“档案袋”中，就可能成为日后新的教育活动的重要素材，成为教师进一步生成活动的一个重要“资源库”。

例如，教师将幼儿成长档案中的绘画作品作为素材，生成“我长大了”的主题谈话活动：教师与幼儿一起欣赏；比较、分析幼儿前后绘画作品，并与幼儿交流：“看看你以前的画和现在的画有什么不一样。”（让幼儿体验自我成长的快乐）“如果现在再来画，你会不会有新的想法？”（激起幼儿再次创作的愿望）“把自己的画和别人的比比看，有什么不一样？还可以怎么画？”（培养幼儿比较、分析能力）在此，“幼儿成长档案袋”里的材料是教师可以利用的重要资源，它们比教师的范例来得更丰富和生动。

因此，教师在选择教育活动的内容和形式方面，可以突破幼儿园所规定的教材范围，充分利用“档案袋”的形式作为拓展教育活动的一个生长点，它不仅是一种积极挖掘课程资源的创造性活动，而且在“幼儿成长档案袋评价”的创建、形成和不断丰富中，能够真正发挥和体现幼儿与教师的双主体意识和价值。

（2）反映幼儿成长的“动画片” 以往在幼儿园关于每个幼儿成长过程的档案式记录中，比较多显现的是对幼儿生理发育和生长指标方面的信息，而对于涉及幼儿学习成长的评价指标与记录，较多采用的是一种趋向标准化测验的模式，如智力测验、水平测试、能力评定等，它是一种偏静态的、体现“即时性”的评价方法。随着幼儿教育改革的深入以及现代幼儿教育观念的影响，幼教工作者已经越来越认识到要真实、客观、动态地反映幼儿的全面发展水平和成长过程，尤其是学习成长经历，通过对幼儿在各种活动中表达、表现或对“作品”“成果”等进行记录、分析、评价的“成长档案袋”式的评价与记录不失为一种积极而有效的方式。

幼儿成长档案袋是一种动态性的评价方式，它能定期或不定期地收集幼儿成长发展中不同时期的各种资料（包括幼儿的作品、教师的观察记录、照片、影像资料等），帮助教师通过成长档案袋中积累的各种作品特点及观察记录来评估幼儿，使总结性评价与形成性评价有机结合起来，保证了评价的客观性、全面性。再者，幼儿成长档案中的资料能“动态”地反映幼儿在各领域的发展、成长状况，为教师了解、掌握、评价幼儿发展水平，包括个性特点、语言、思维、艺术等能力发展中的强项与弱项，提供全面、丰富而生动的参考信息和评价依据。

例如，对××幼儿（小班）来园插放自己名字牌（从一开始的无意插放到后来的有意插放）的变化进展过程的照片或文字记录式的原始“档案”，就可以生动地反映出该幼儿在环境适应以及应对能力方面的发展状况。

同样，幼儿成长档案袋还能反映并评价幼儿的内省智能、语言智能、交往智能等，尤其是内省智能。这是因为档案袋为每个个体提供了自我认识和自我评价的机会与条件，并从中获得内省智能的发展。

如：××在向老师介绍自己的成长档案上的各种“文献材料”时充满自豪地说着：“这是我刚开始的画，后来我画得更加像了。……（指着画面上的妈妈和孩子）以前我睡觉要妈妈陪着，现在我会自己做很多事情。”由此可见，观看或展示自己档案中的“足迹”能够令幼儿回忆起快乐的时光，体验享受到其中的乐趣，感受自己的长大，而且有助于幼儿对自己产生自信心、成就感，有助于他们良好个性的形成，也有助于幼儿内省智能的发展。

成长档案如同动画片，生动形象地展现着幼儿的语言、动作、情感、交往、认知方面的发展轨迹，使教师、父母更加客观、全面地认识每个个体的“最近发展水平”，并形成对幼儿正确的评价。当然，幼儿成长档案袋并非将幼儿的任何作品“照单全收”，而是根据幼儿的个别化表现有目的、有选择地收集、选取档案，以恰当、有限的资料真实、客观地记录和评价幼儿个体的成长过程。

（3）架设家园合作的“信息桥” 由于对幼儿进行直接评价的方式具有不可靠性，评价应当包括多种依据来源，尤其是来自于父母、教师的报告，因此，幼儿成长档案袋评价犹如在联系和沟通家园合作中架设起的一座桥梁，它可以使家长在分享评价结果中了解自己孩子在幼儿园学习、生活、游戏、运动等的活动状况，了解和关心幼儿园教师教学工作，并以此为参照对幼儿在家庭中进行合作性、针对性的指导；同时，也可以使父母和家庭积极地参与孩子成长档案的制作过程，使教师随时随地获得家长对孩子的期望、了解幼儿的家庭生活内容，使得家园合作的信息得到扩展和丰富，让家庭也主动参与到对幼儿的教育过程中来。

此外，在主题教育活动中，教师可以通过档案中的幼儿作品、教师自己的描述，请家长发表对活动的看法以及建议，同时家长还可以获取有关活动内容的更多信息，这样的联系桥梁是幼儿、教师、家长之间的多边活动，也是能够充分利用和整合多种教育资源的过程。可见，幼儿成长档案袋加快并拓展了教师、幼儿、父母之间的交往频率和通道，为家园合作与沟通开辟了新的广阔空间。

3. 幼儿成长档案袋评价的记录方式

幼儿成长档案袋的记录方式一般有文字表述、原始作品呈现、照片记录、录音录像等几种方式。

（1）文字记录　文字记录是档案记录的常用形式，包括与幼儿的交流记录及教师的观察记录。交流主要是与一位幼儿或多个幼儿在主题活动开展以及日常生活中就某个问题进行探讨。教师可以通过文字记下幼儿的想法和需求等信息，了解幼儿的个别需求，并且在时间允许的情况下，给予幼儿反馈。而观察是实施幼儿发展性评价的主要手段，教师可以通过观察系统地记录幼儿在教育活动中的表现，从中分析发现幼儿的成长需要；或者对观察到的幼儿比较复杂的行为或情境进行记录，也可以在文字记录中配上照片以增添真实性、生动性、可读性。

（2）幼儿作品记录　幼儿的作品样本是表现幼儿的成就与努力过程的最佳载体，它是一种最具体、最直观的评价记录方式。幼儿的作品既可以是幼儿的原始作品，如用纸笔方式呈现的绘画作品、书写的算术练习等，也可以是幼儿对自己作品的口述记录。原始作品具体直观、形象生动；口述记录既呈现了幼儿语言表达能力，也反映了幼儿对自己作品的情感、想法，呈现出幼儿的认知水平。这种记录方式能帮助教师和家长更好地走进幼儿的心灵世界、认知世界，把握其最近发展区。

（3）声像资料记录　声像资料是一种生动有效的记录形式。它主要是指照片、录音带和录像带等。这种记录方式能呈现出幼儿成长与发展中的许多丰富有趣的信息，也能够极大地调动起家长参与教育过程的积极性。一份由自己孩子复述故事、大声朗读与歌唱、独白表述的录音带或录像带，能使家长“身临其境”般地看到或听到幼儿的生动表现与表达。教师在为幼儿参与各类活动进行照相或摄像时，也需要辅之以简要的文字记载所拍的日期、内容、场所以及一些需要特别说明的地方。

总之，幼儿成长档案袋评价的记录方式是丰富多样的，虽然以观察为主的评价记录方式是主要的，但其往往容易受到时间、空间的限制以及观察者的主观影响，因此，还需要结合一些类似访谈、问卷调查及测验等方式，以提高档案袋评价的信效度。

4. 幼儿成长档案袋评价的内容

幼儿正处在全面生长与发展的关键阶段，幼儿成长档案袋所收集的内容既可以覆盖幼儿的身体、动作、认知、言语、情感、个性及社会性能力等多个发展领域，也可以特别围绕某一领域的发展（长项或短项）。它的具体形式是灵活而丰富多样的，也是充分体现个体需要和差异的。一般来说，它包括以下内容：

（1）幼儿认知活动方面　幼儿认知活动方面的材料收集和评价来源比较丰富，主要反映和记录的是幼儿在集体、小组或个别的探究性学习活动中的语言、想象、观察、思维等方面的发展状况，可以通过对幼儿的语言讲述、同伴交谈、问题对答等原始记录来分析和评价幼儿在教育活动中和其他日常活动中的认知表现。

（2）幼儿动手能力方面　在教师组织的各类活动中，幼儿动手参与操作的活动是最多见的，因此，幼儿成长档案袋中的这部分材料是最容易收集的，教师可以把幼儿不同时间、不同内容、不同方式的操作活动（如插塑、积塑、小型积木等建构类操作，自制玩具等创意性操作，集体活动中的探索性操作等）的作品有选择地通过拍照或文字描述等方式收集归入幼儿的档案袋中。

讨论

幼儿成长档案袋评价的内容是否应加上家长提供的一些材料。

（3）幼儿艺术活动方面　这方面的资料比较具体、直观，可以将幼儿在美工活动中的作品用拍摄照片的呈现方式加以收集，如绘画、纸工、泥工等创造性表现作品；还可以将幼儿在歌唱、韵律动作表现、文学戏剧表演等活动中的表现和创造进行照片或声像记录，以反映和评价幼儿在艺术能力方面的兴趣、态度和创造性表现。

（4）幼儿生长发育方面　这部分材料主要反映对幼儿身体各方面的生长发育状况的评价与记录。如身高、体重、视力、牙齿、动作、血色素等方面的指数。其来源主要是幼儿园对幼儿进行的定期或不定期的身体健康状况测查以及上一级的幼儿卫生健康主管部门对该园幼儿进行的健康状况抽查的数据。

5. 幼儿成长档案袋评价的运用

（1）基本原则　为了使幼儿成长档案袋评价更好地发挥其在教育活动中的评价作用，而不是一种为了求新或点缀而用的“装饰袋”。教师在运用中应该遵循以下一些基本原则：

1）主体性、参与性。幼儿是成长档案的主体，无论是档案的建立、形成还是制作都应该让幼儿参与，让幼儿知道什么是档案袋，为什么要有档案袋，怎么来制作自己的档案袋等。美国的幼儿教育专家特别强调和提倡教师应与幼儿一起收集反映幼儿发展的资料，作为幼儿个体发展的档案（Files Collection）。教师可以鼓励幼儿用自己的方式设计自己喜欢的封面，激发其参与的兴趣，充分发挥幼儿的主动性，让幼儿在主体参与中自由展示和感悟他们成长历程中的点点滴滴。同时，参与性还包括让家长了解档案袋的用途，可以邀请家长在家里收集幼儿自发的作品或照片等，并鼓励家长记录幼儿在家中的一些趣闻并送到幼儿园，加入到档案袋中。通过这一过程使家长进一步了解孩子的成长历程，也更关注幼儿园的教育教学工作。总之，让教师、幼儿、家长一起参与档案袋的收集工作，使其不断丰富与完善。

2）目的性、计划性。幼儿成长档案袋评价是为了更好地改善课程和教育活动，以更好地符合幼儿的发展需要，因此，教师首先应确定幼儿成长档案袋是全面档案还是单项档案的评价与记录，然后有目的、有针对性地收集幼儿发展中的“点点滴滴”，并制定与幼儿进行个别交流的时间以及与家长交流档案袋的计划。如确定多长时间和家长共同回顾、交流幼儿在一段时间内的情况，感受到幼儿的成长与改变；定期举办作品展览会，向家长汇报幼儿的成长与发展状况等。可见，有关幼儿成长档案的分享、交流、解读等内容都应当做为教师有目的、有计划的一项工作。

3）积累性、总结性。教师应当对幼儿在园的所有活动进行观察，捕捉幼儿活动中有价值的“镜头”，进行观察记录，并归入档案中。在教育活动中，教师可以将幼儿的作品，包括绘画作品、口语表达、动作表现等用文字描述、拍摄照片等方式进行记录，并对各种“作品”进行适当的注解（时间、地点、背景等）与评点。一段时间后，教师应当从积累和分析总结的角度出发对幼儿成长档案袋中的内容进行梳理加工和适当的调整，如补上遗漏的标识，舍弃无效、重复的内容等。如果是专题性的幼儿成长档案，教师还应当对幼儿某一领域的发展作出阶段性的总结与评价以及给出活动与发展的预测和建议。

（2）一般步骤

1）建立档案。根据不同的年龄班级，教师可以有的放矢地建构幼儿成长的档案，努力使成长档案成为教师与幼儿互动的平台。如对于中大班幼儿，教师可以与孩子们讨论有关“档案”的问题，从而激发他们的兴趣，使幼儿们对制作档案过程中使用的材料、样式和整个程序有一个初步的了解。教师可以征求孩子们对建立自己个人“档案”的意见和想法，然后与幼儿一起动手制作“档案”中的资料。这里所说的“资料”是指用不同的形式（照片、文字、图画、录音、书籍、作品等）保存幼儿各种活动的“成果”。教师可以选择质地厚实、牢固的文件袋或档案袋分别装每个人的“资料”，以保证“档案”的“永久性”。

2）充实档案。教师应当将幼儿档案的创建过程看做一个有意义的活动和一次幼儿个性化表达表现的机会，努力使幼儿积极主动、富有创造性地建构自己的成长档案。在幼儿的自我构建过程中，成长袋里的作品会随着时间的增长而不断地丰富起来，而这个过程，就是教育活动的过程。在这个过程中，教师要使幼儿形成强烈的“档案”所有权的自我意识，要鼓励幼儿对自己的档案袋进行个性化的点缀与装饰，并在档案上注明自己的姓名、起始时间等。在档案资料的积累中，教师还应该让孩子们自愿选择他们最感兴趣的作品，如绘画、制作等，每个人都可以是不同于他人的选择，是一种充分体现个性化的档案。

需要说明的是，在幼儿档案袋中各种资料丰富的过程中，教师不应该仅仅是欣赏者，还应该是建议者、加工者、整理者，即教师应适当地对幼儿作品进行技术处理。如将幼儿的手工作品、舞蹈、游戏、动作、小实验等标上日期或拍成照片，把幼儿的表达、歌唱等进行录音，然后把这些作品、照片、磁带等资料放入幼儿的档案袋中。

3）保存档案。对于成长档案的保存，大部分的资料都可以存放在资料夹或资料袋中，如现在很多幼儿园采用相册或文件夹作为幼儿的档案袋，如果用录像带或录音带时，它们无法被放进资料夹中，就可以用硬纸盒，再把它们放在靠近电视或收录机旁边，但是要注意给每个成长档案贴上标签。所有资料都应该放在幼儿易于接近且安全的地方，让幼儿可以随时翻阅，或增加新的作品。这些资料也应该向家长开放，便于家长随时翻阅，并了解自己孩子在园情况。值得注意的是如果有关于幼儿的个人资料，如医疗记录及家庭电话号码等隐私的东西，则应该放在教师个人的抽屉或柜子里，以保障幼儿和他们家庭的隐私权。

（3）要点提示

1）不同样式，追求实效。在幼儿成长档案袋评价的设置与运用中，教师在注重形式多样的基础上也应体现实用有效。

首先，要将幼儿成长档案袋区别于传统的家园联系册，进一步把握“幼儿成长档案袋评价”的以下特点：

- 内容的个性化——针对每个幼儿发展的实际情况和家长的关注点进行记录与评价，且记录的内容与方式等能充分体现幼儿的差异性和个体性；
- 时间的自然性——每次记录的内容随着每个幼儿的发展而变化，每个幼儿记录栏目的内容不固定也不统一；
- 评价的主体性——改变让幼儿仅仅是被记录对象的状况，让幼儿逐渐成为档案袋的主人，成为自我评价者。同时，也让家长主动地参与记录，并利用档案在教师、家长、幼儿之间产生的多样互动以提高档案式评价的价值。

2）不同类型，为我所用。幼儿成长档案袋在实践中的运用是灵活多样的，根据不同的目的和作用可以将幼儿成长档案袋分成以下几种类型：

- 全面型或领域型——记录幼儿各方面发展或某一方面发展的事例，展示幼儿的个性特点；
- 记录型或纪念型——记录幼儿发展与成长中一些特别值得留念和回味的事，汇成美好的回忆与纪念；
- 思考型与交流型——记录并分析在孩子成长中的典型事例，探讨孩子的个别化教育和发展问题。

各幼儿园在选择和考虑幼儿成长档案袋的类型时，应当视各年龄班、各幼儿发展的不同基础和水平，采取适宜、适时、适效的原则加以应用。美国课程评价专家约翰逊曾经指出：“如果要求五个不同的教师给档案下定义，你可能会收到五个不同的答案，其中每个都没有错。”这正是由档案评价的性质所决定的，每一个袋子里的原始资料的内容可以是各不相同、因人而异的，幼儿成长档案袋中采用的评价方法、反映出来的评价内容也应当是“百花齐放”的。

其次，对于档案袋的呈现样式，可以从幼儿作为“成长档案”主体的角度出发加以表现，如上海市音乐幼儿园曹丛岭老师为幼儿成长档案袋设计了七个专栏：“我为自己的成长亮分”“童言无忌”“我的故事”“我的朋友”“我的足迹”“我的创作”“我的成功”，旨在帮助幼儿从了解记录的内容到关注记录的内容再到主动参与记录，最终成为记录的主人。当然，在实际操作中，也不是每个幼儿每次记录都必须用到七个专栏，而是根据需要有选择性地记录幼儿成长的亮点和影响其成长的关键点。再如蓬莱路幼儿园的《幼儿成长档案》中则包括“我和家人”“我健康”“我喜欢”“我能力”“我特别”“童言无忌”“大人的话”等栏目，比较注重让幼儿在成人的帮助下逐步学会自我认识、自主管理和自我评价，同时使教师和家长在幼儿的成长轨迹中全面了解幼儿、研究幼儿，从而有效地促进幼儿全面健康地发展。

随着幼儿园教育改革的深入，幼儿成长档案袋评价正越来越受到第一线教师们的重视，并视之为继家长联系手册、幼儿发展评价手册之后的一种新型的评价手段和工具。它的出现顺应了教育评价改革的大背景，将幼儿成长档案与课堂教学活动紧密结合，有助于激励教师更好地把握每个发展中的幼儿个体，也有利于教师成为“反思型”的研究者，幼儿逐渐成为自我的评价者。

但不可否认，成长档案袋增添了教师大量的案头工作，需要教师花费较多的时间与精力，而实际运用中也出现了许多不尽如人意的误区，如有的幼儿园出现为应付而突击“补”档案的形式主义做法；有的将幼儿成长档案演变为幼儿绘画作品展；也有的将幼儿成长档案袋简单视同于幼儿发展水平的定性评价手册，在成长档案中一味地追求展现幼儿的“进步”“成绩”，对创建档案袋的目的不明确、评价时过分受主观影响、标准化程度低等，如此这样也就失去了建立幼儿成长档案袋评价的真正意义和体现真实性评价的价值取向。因此，如何真正发挥档案评价在幼儿成长中的作用，在实际运用中正确处理好个别针对性、真实互动性与科学有效性等问题还有待于幼教工作者在实践中进一步思考与研究。

除了以上几对主要的评价模式类型以外，在幼儿园教育活动的评价实施中，若从评价所涉及的对象范围来分的话，可以有针对较大范围的整体评价和针对某一方面实态的局部评价；从评价的参照体系来看的话，可以有定量评价和定性评价之分等。总之，评价的类型从不同的维度出发是各有特点和侧重的，但是，不管哪一种评价类型和模式都有其优势和长处，如更体现教育过程情境性和信息来源多向性的非正式评价；更体现对教育过程的了解和持续调整以改进提高教育活动质量的形成性评价；更注重评价实质的过程性评价；更针对学习者个体需要的个人评价等。而且，在教育活动的设计与实施中，每一种评价也不是完全独立于另一种相对应的评价模式的，它们之间往往是交叉重叠的关系，例如形成性评价和总结性评价、过程性评价和结果性评价之间就有着非常密切的关系，在一定的情境和活动过程中它们只有相互结合，才能更好地发挥评价的功能和作用。

每章一练

1. 在教育活动中对幼儿的评价可以从哪些方面入手？
2. 对教师而言，教育活动中的非正式评价有何意义？
3. 观察的目的有哪些？教师应如何着手观察与记录？
4. 评价教育活动中幼儿的发展、学习与行为的主要方式有哪些？
5. 如何理解“幼儿成长档案袋”在评价中的作用和价值？
6. 作为一名教师，你会如何着手幼儿成长档案袋评价？